电信网络诈骗防范手册

DIANXIN
WANGLUO ZHAPIAN
FANGFAN SHOUCE

先锋 / 著

中国法制出版社
CHINA LEGAL PUBLISHING HOUSE

序　言

电信网络诈骗，是指以非法占有为目的，利用电信网络技术手段，包括电话、短信、网络等，通过远程、非接触等方式，诈骗公私财物的行为。近年来，随着电信网络技术的高速发展和电子支付的便利，电信网络诈骗迅速发展蔓延，成为当前主要的侵财类犯罪方式，给人民群众造成了巨大的财产损失。

最初的电信网络诈骗形式比较单一，且大多只诈骗一笔就收手，受害人的损失不会超过其银行存款余额。随着时间的推移和经验的累积，电信网络诈骗的内容和手段也在不断融合进化和更新升级，针对性、欺骗性、危害性越来越大。电信网络诈骗转型的另一个方向，是向未成年学生群体转移，不断刷新受害人的年龄下限和诈骗分子的道德下限。

由于国家大力开展反诈宣传，人民群众的反诈意识有所提高，没那么容易被骗了。尽管如此，很多诈骗分子依然非常狡诈，将诈骗窝点搭建在国外，提前做好了转移赃款和“洗钱”的布置，导致受害人被骗的钱财难以追回。作为老百姓来说，与其被骗后懊恼，请求公安机关帮助追回损失（很难追回），不如自己主动花点时间学习反诈防骗知识。对动辄几万元的电信网络诈骗案件损失来说，每天花几分钟了解一下当下最流行的诈骗手段，其潜在收益可能比很多工作的工资都高。非常不幸的是，人们大多认为自己智商超群，不会被骗。

曾经有无数的受害人说，要是早关注反诈知识就好了，也就不会被骗了。或者说，自己听说过电信网络诈骗，但是总觉得自己不会上当，不愿意花时间去学习反诈知识，最后被骗了才追悔莫及。当下，网络已经深深地嵌入我们的生活中，并且是不可逆的。电信网络诈骗仍将是未来主要的犯罪形式，也使人民群众财产安全面临重要威胁。相应地，反诈知识也应该作为一种常识进行普及，成为老百姓都应掌握的日常防范知识。

本书的目的，在于通过案例和讲解的方式，详细介绍当下流行的各种电信网络诈骗的犯罪手段，让读者在案例中潜移默化地提升反诈意识。同时，更重要的是，穿插对一些网络黑灰产、黑客知识等基础网络安全知识的讲解，使读者能够深层次理解电信网络诈骗背后的原理，提升安全上网的意识。即使以后面对电信网络诈骗的新型变种，也能及时识别，不至于上当受骗。

当然，诈骗过程远比案例讲述的要复杂得多，细节也更多。由于个人知识水平有限，无法将整个诈骗过程一一还原，可能仍有很多读者看了觉得骗局很简单，自己不会被这么简单的骗局骗到。希望大家不要抱有这种想法，辛苦赚来的钱切莫白白送给了骗子。花几分钟了解一种骗局，如果可以保住几十万元钱财的话，这个时间就是最有价值的。

目　录

Contents

导 读

防骗支招

1. 凡是“不要求资质”，且放款前要先交费的网贷平台，都是诈骗！

2. 凡是刷单，都是诈骗！

3. 凡是通过网络交友，诱导你进行投资或赌博的，都是诈骗！

4. 凡是网上购物遇到自称客服说要退款，索要银行卡号和验证码的，都是诈骗！

5. 凡是自称“领导”“熟人”要求汇款的，都是诈骗！

6. 凡是自称“公检法”，让你汇款到“安全账户”的，都是诈骗！

7. 凡是通过社交平台添加微信、QQ 拉你入群，让你下载 APP 或者点击链接进行投资、赌博的，都是诈骗！

8. 凡是通知中奖、领奖，让你先交钱的，都是诈骗！

9. 凡是声称“根据国家相关政策需要配合注销账号，否则影响个人征信的”，都是诈骗！

10. 凡是非官方买卖游戏装备或者游戏币的，都是诈骗！

诈骗手法千万变，防骗牢记小妙招：

未知链接不点击　陌生来电不轻信

个人信息不透露　转账汇款多核实

不论骗术怎么变　我不转账应万变

五大高发类型电信网络诈骗

当前，电信网络诈骗犯罪形势严峻，已成为发案最多、上升最快、涉及面最广、人民群众反映最强烈的犯罪类型，其中刷单返利、虚假投资理财、虚假网络贷款、冒充客服、冒充公检法 5 种诈骗类型发案占比近 80%，成为最为突出的 5 大高发类案（如图 1），其中刷单返利类诈骗发案率最高，占发案总数的三分之一左右；虚假投资理财类诈骗涉案金额最大，占全部涉案资金的三分之一左右。[①]

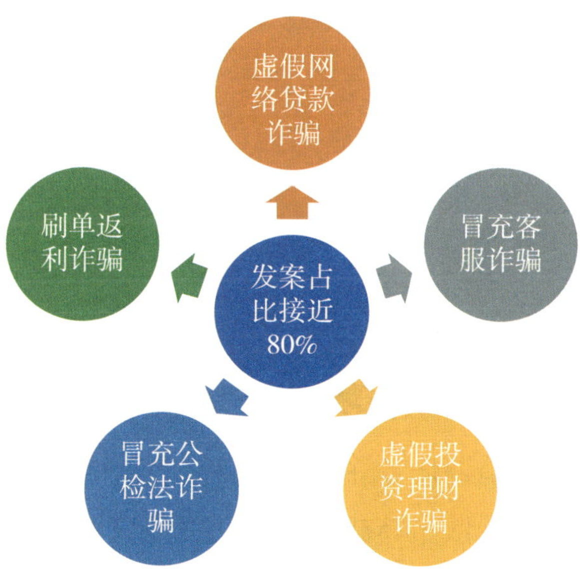

图 1　五大高发类型电信网络诈骗

① 《五大高发电信网络诈骗案件类型》，载微信公众号“公安部刑侦局”2022 年 5 月 11 日。

一、刷单返利诈骗

骗术揭秘

第一步　前期引流

· 通过网页、短信、社交软件、短视频平台等渠道发布兼职广告，打着“足不出户、高额佣金”的旗号，或以色情内容和免费礼物为诱饵，招募“刷单客”“点赞员”“推广员”，一旦有受害人“上钩”，即将其拉入“做任务”的聊天群。

第二步　小额返利

· 加入聊天群后，诈骗分子会让受害人在群内领取“新手任务”，“任务”主要是提高平台商家、网店的交易量、信誉度，关注相关公众号、账号，为短视频点赞评论刷粉丝等。受害人完成“新手任务”后，诈骗分子会快速返还小额佣金，用以骗取受害人信任。

第三步　诱导下载刷单 APP

· 在受害人完成前期任务并获利基础上，诈骗分子通常会安排专人在微信群中散布其获得高额佣金的截图，引诱被害人下载虚假刷单 APP 做“进阶任务”。随后，诈骗分子以“充值越多、抢单越多、返利越多”为诱饵，骗取受害人在刷单 APP 中垫资充值，实际是将受害人资金转入其提供的银行账户，而受害人的 APP 账户中显示的金额仅仅是虚拟数字。

第四步　完成诈骗

· 当受害人完成任务想要提现时，诈骗分子将设置重重障碍，以“任务未完成”“卡单”“操作异常账户被冻结”等各种借口，拒不支付本金和佣金，甚至诱骗受害人加大投入，进而骗取更多资金。一旦受害人识破骗局，诈骗分子将切断一切联系。

防骗提醒

刷单行为涉嫌违法，凡是需要先行充值或垫付资金的刷单行为都是诈骗。

二、虚假投资理财诈骗

骗术揭秘

第一步　锁定受害人，骗取信任

· 诈骗分子通过多种渠道锁定受害人并骗取其信任。锁定受害人的方式包括通过社交软件寻找受害人并建立联系、发布股票外汇等投资理财信息网罗目标人群、通过婚恋交友平台确定婚恋关系骗取信任等。

第二步　冒充专家，引诱入群

· 在获得受害人信任后，诈骗分子采用冒充投资导师、金融理财顾问，或谎称有特殊资源可获得高额理财回报等方式，引诱受害人加入“投资”群聊、听取“投资专家”直播课、接受“股票大神”投资指导。

第三步　诱导投资，切断联系

· 诈骗分子将诱导受害人在其提供的虚假网站或 APP 上投资，前期小额投资试水可获得返利，一旦受害人加大资金投入，就会发现无法提现或全部亏损，并被诈骗分子拉黑，且虚假网站、APP 无法登录。

防骗提醒

投资理财需谨慎，警惕虚假投资理财网站、APP。

三、虚假网络贷款诈骗

骗术揭秘

1. 通过网络媒体、电话、短信、社交软件等发布办理贷款、信用卡、提额套现等广告信息。

2. 打着“无抵押”“免征信”“无息低息”“快速放款”“免费提额套现”等幌子。

诱骗具有贷款需求或曾办理贷款业务的受害人转账汇款，甚至骗取受害人银行账户和密码等信息直接转账、消费，从而实施诈骗。

3. 以事先收取手续费、保证金、验资、交税等为由。

4. 以检验还贷能力、调整利率、降息、提高征信等为借口。

防骗提醒

任何声称“无抵押、无资质要求、低利率、放款快”的网贷平台都有极大风险。

四、冒充客服诈骗

骗术揭秘

骗术一

· 冒充电商平台或者物流快递企业客服，谎称受害人网购商品出现问题，以退款、理赔、退税等为由，诱导受害人提供银行卡和手机验证码等信息，对受害人实施诈骗。

骗术二

· 声称误为受害人升级 VIP 会员、授权代理业务、办理商品分期业务等，以不取消上述业务将产生额外扣费为由，诱导受害人支付手续费，从而实施诈骗。

骗术三

· 以受害人电商平台会员积分、支付宝芝麻信用积分不足为由，让受害人申请贷款从而提高会员积分，并诱骗受害人将贷款汇入其指定账户，从而实施诈骗。

防骗提醒

接到自称电商、物流客服电话，务必到官方平台核实。

五、冒充公检法诈骗

骗术揭秘

第一步　锁定受害人，冒充工作人员

· 诈骗分子通过多种渠道锁定受害人并骗取其信任。锁定受害人的方式包括通过社交软件寻找受害人并建立联系、发布股票外汇等投资理财信息网罗目标人群、通过婚恋交友平台确定婚恋关系骗取信任等。

第二步　编造理由，要求转账

· 谎称受害人名下的银行账户、电话卡、社保卡、医保卡等被冒用，或者身份信息被泄露，或者涉嫌洗钱、非法出入境、快递包裹藏毒等违法犯罪，以此要求受害人将资金转入“安全账户”配合调查或接受监管，进而实施诈骗。为增加可信度，一些诈骗分子会向受害人展示虚假公检法网站上发布的假通缉令等法律文书。

· 此外，一些诈骗分子还会冒充不同部门的政府机关工作人员，以领取补助补贴、奖学金，医保卡、证券、金融账户被冻结，出入境证件异常、失效等为由实施诈骗。

第三步 封闭空间洗脑，切断联系

· 为使受害人处于完全被操控状态，诈骗分子还会诱骗受害人到酒店等封闭空间，阻断所有短信、来电等外界联系，进而要求受害人将资金转账至所谓的“安全账户”，从而达到诈骗目的。

防骗提醒

自称公检法等国家机关工作人员并要求把钱款转到“安全账户”的一定是诈骗。

第一章　仿冒身份类诈骗

一、虚假网络贷款诈骗

典型案例

2020年年末的一天，一名妇女到派出所报警，称其丈夫罗某到处找人借钱，怀疑被骗了，但是罗某前一天晚上没有回家，也找不到人，请派出所帮忙找人。得知情况后，民警一方面安排人打电话联系罗某，另一方面通过技术手段进行查找。很快民警就在一个小区门口找到了罗某，发现他遭遇了网络贷款诈骗，在一个仿冒“招联金融”的APP上贷款12万元，但是因各种原因无法提现。为了提现，罗某联系“客服”，在对方的诱导下，分12次向对方提供的账户转账14万余元。至此，罗某在“招联金融”账户上的金额有26万余元。“客服”说只要罗某再转账20000元，就可连之前的钱一起提现。于是，罗某开车四处找亲戚借钱。

骗术揭秘

虚假网络贷款诈骗中，诈骗分子仿冒市场上常见的网络贷款平台，制作虚假的网络贷款APP，然后通过电话、短信、网页广告等方式，以“低利息、高额度、不看征信”等噱头，精准找到需要网络贷款的人，诱骗其安装虚假网络贷款APP并实施诈骗。虚假网络贷款APP后台受骗子控制，象征性地收集受害人的信息后，随便给一个额度，到提现的时候，就开始以各种理由要受害人交钱。常见的交钱理由有如下几种：

1. 提现要插队，请交会员费×××元。

2. 提现时填写的银行卡号错了一位，导致账户被冻结，要求配合认证进行解冻。骗子的理由是，是受害人的错误导致贷款公司的钱被冻结，受害人必须负责进行解冻。如果这时候受害人有所怀疑、犹豫，骗子会发来贷款合同，上面写明每个月要还款的金额，不解冻、没提现也需要按时还款。同时，还会发过来一张盖着中国银保监会公章的解冻通知，附“骗取贷款罪”的法律条文，限时解冻，不解冻就报警，还会上传至征信，以此恐吓受害人。

3. 解冻完想提现？门都没有，接下来，“客服”会说受害人的征信有问题，要想提现必须刷银行流水提高征信，具体方法还是转账，但称这些都是会还的。这个理由可以重复使用多次，刷一次流水不够，那就再刷一次。到后来，受害人的亲属征信有问题竟然也成了诈骗的理由。

防骗提醒

虚假网络贷款诈骗是时下发案最多的诈骗类型之一，如果需要网络贷款，一定要牢记以下规则，防止被骗：

1. 网络贷款要交钱的一律是诈骗。

2. 正规的网络贷款平台都会将 APP 上架到各大应用市场。因此，下载网络贷款 APP 应尽可能在应用市场下载。应用市场上架软件有审核机制，假冒的 APP 很难上架，相对来说应用市场上的 APP 则安全很多。但是也不绝对，苹果应用商店就曾经发现过诈骗的网络贷款平台。而通过扫描二维码下载或者他人发来安装包安装的网络贷款 APP，十有八九是诈骗。

3. 虚假网络贷款 APP 经常假冒知名网络贷款平台的名字，如微粒贷、招联金融、京东金融等，但是往往做工粗糙，APP 内模块不全面，很多模块无法打开。对一款 APP 一定不能光看名称，要结合其他方面辨别真伪。

4. 无论是银行，还是网络贷款平台，贷款都是要看征信的，同时有严格的风控措施，借贷者征信越差，利息越高。不看征信或者征信不好的人去贷款，还能低息获得高额度，绝对是骗钱的平台。

知识点

虚假网络贷款诈骗提现不成功需要还钱吗？

网络贷款诈骗中“贷款”平台本身就是假的，平台上显示的额度、每月还款金额都是为了诈骗设置的，也都是假的，签订的合同也是假的，更没有拿到钱，自然是不用还的。

二、冒充客服诈骗

典型案例

2021 年 12 月 10 日 10 时许，黄某接到一陌生电话，对方自称是京东商城工作人员，称黄某之前购买的纸尿裤存在质量问题，可以通过售后理赔获得十倍赔偿。随后，一个昵称为“售后服务理赔服务中心 006”的 QQ 号添加了黄某为好友，并要求黄某下载了“鸿雁视频会议”软件，远程指导黄某理赔。

“客服”先要黄某通过微信“微粒贷”领取“理赔金”，后又以黄某征信存在问题为由，要求黄某将“理赔金”转入其提供的“征信账户”，共计59800元。接着，“客服”又以黄某曾经刷单及参与拼多多砍价，存在不良记录，需要消除记录才能理赔为由，诱骗黄某陆续往指定账户转账436200元。此时黄某才察觉异常，主动拨打京东客服热线询问并报警，共计被骗496000元。

骗术揭秘

经过多年的发展，冒充客服诈骗的种类越来越丰富，诱骗受害人转账的手段也越来越多，迷惑性更强。诈骗分子通过网络黑灰产购买、盗取等方式获得受害人的详细信息，包括姓名、身份证号码、联系方式、购买的商品信息、快递单号等，向受害人准确报出这些信息，并出示假的“工牌”，让受害人认为其真的是平台客服。诈骗团伙会组织专业培训，提升诈骗水平。作者曾经听过一个诈骗分子与受害人通话的录音，无论是从普通话、语气、语调等方面来说，这个骗子的“客服”水平非常“专业”，而且面对受害人的各种追问，非常有耐心，甚至超过一些真的客服水平。无怪乎不少人会上当受骗。

常见的“客服”及诈骗理由有：

1. 冒充淘宝、京东、唯品会等电商平台网店“客服”，声称受害人购买的商品存在质量问题，可以进行三倍理赔。

2. 冒充快递公司“客服”，声称购买的商品在运输途中丢失、损坏，甚至感染病毒需要销毁等理由，可以进行三倍理赔。

3. 冒充电商平台、外卖平台或其他平台网店“客服”，声称实习大学生不小心将受害人登记为铂金会员或者代理商，每月要扣 500 元，每年扣 6000 元，将优先从受害人绑定的储蓄卡里划扣，余额不足再从其他储蓄卡甚至信用卡划扣。这个时候，“客服”再问受害人要不要取消业务时，一般人都会选择取消。“客服”会假惺惺地告诉受害人可带上证件到某银行某省分行办理取消业务。省分行一般在省会城市，受害人自然不愿意跑那么远去办理这么一个小业务，自然要询问能不能线上办理。这时候，“客服”就顺水推舟将电话转接至某银行“业务经理”，进一步实施诈骗。此时站在受害者的视角，是受害人自己主动要求线上办理的，降低了受害人的警惕心理。

具体骗钱的方法有以下几种：

1. 推送链接或者虚假理赔公众号给受害人，让其在虚假网页上填写银行卡号、银行密码和验证码，进而转走银行卡内的钱。由于银行扣款有短信提示，这种方式只能骗一次，现在已经比较少见了。

2. 利用大众对支付宝“备用金”的不熟悉，诱骗受害人通过备用金领取“理赔金”，实则为本人向支付宝申请备用金。由于备用金的额度是 500 元，待备用金到账后，“客服”会以受害人申领金额超过理赔金额影响征信为由，要求受害人退还多申领的部分。接下来，“客服”还会声称由于受害人的芝麻信用分低、系统检测超时、卡单等，理赔通道没有成功关闭，要求受害人继续关闭理赔通道。关闭方式为开通蚂蚁借呗、微信微粒贷、平安消费金融等贷款额度，申请贷款并将所贷金额转给“专用账户”，实际是转给了诈骗分子的账户。

3. 在取消会员或代理商的诈骗方式中，银行“业务经理”会要求受害人如实报告所有银行账户的存款情况，以便在随后设置转账金额的时候更加精准，可以把受害人银行卡里的钱都转走。“业务经理”要求受害人向对方账户转账1元以验证账户，在其错误指导下，这次验证不会成功。然后，“业务经理”以进一步验证账户为由，要受害人把卡内的余额都转给对方。以此种理由让受害人把储蓄卡内的金额都转完之后，诈骗分子会诱骗受害人把信用卡套现，到网贷平台贷款，也同样转账给对方。其间，为了麻痹受害人，“业务经理”会把电话转交给“主管”，换人进行诈骗，还会同步通报业务办理的进度。

上面的方法是一个简单的归类，对一个经验老到的骗子来说，并不拘泥于使用一种方法，而是根据情况随机进行调整。在诈骗的过程中，为了更好地控制受害人，骗子通常会以远程指导为名，要求受害人开启QQ上的分享屏幕，或者下载视频会议软件、网络课堂软件、远程控制软件开启屏幕共享功能，进而实时看到受害人手机屏幕内容，掌握受害人的每一步动作和手机里的银行卡信息，还可获知银行卡密码和验证码，更方便实施诈骗。

防骗提醒

1. 无论是电商还是快递的客服，在应对纠纷时，很少有主动退款的，用户还没提出诉求，客服就主动三倍退赔的则十分蹊跷。所以主动退赔的“客服”十有八九都是诈骗分子。

2. 个人银行卡就是我们的钱包，是绝对受保护的，没有我们的授权，任何平台都不能从中扣款。即使我们为某个平台绑定或授权了银行卡，也是一卡一授权，不可能从名下其他银行卡甚至信用卡里扣款。

3. 备用金、分享屏幕、共享屏幕等是互联网企业开发出的新功能，犯罪分子利用大众对此类功能的知识盲区，形成知识压制、降维打击，实施诈骗。科技发展日新月异，为了保护我们的钱包，每个人都应当努力学习反诈知识。

知识点

什么是备用金？

备用金是支付宝为方便用户紧急用钱而设置的短期小额借贷项目，一次只能借500元，还款期限为7天。这500元是用户自己的借贷额度，不是任何理赔通道。

三、冒充公检法诈骗

典型案例

一天，贵州省某经济开发区住房和城乡建设局财务主管杨某接到自称是银行工作人员电话，称其掌握的账号“涉嫌犯罪”，并将电话转接给“公安机关”“何警官”。“何警官”通过电子传真向其发送了一份《协查通报》，上面写明了杨某掌握银行账号的涉案情况。杨某顿时就慌了，在“何警官”的指挥下，入住当地的酒店，并在酒店电脑上登录“最高人民检察院”网站，看到了针对自己的“电子通缉令”，更是对对方的身份深信不疑。

在接下来的四天时间里，杨某还多次与“郭队长”“孙检察官”“杨检察长”联系，按照对方指令下载“资金清算软件”，并插入自己持有的单位资金U盾，配合执行所谓的“清查”程序。杨某单位两个对公账户上的1.17亿元资金被陆续划走。

骗术揭秘

诈骗分子通过收集、购买、盗取等方式掌握受害人身份信息、联系方式、银行卡账号等信息后，电话联系受害人，冒充工信部、出入境管理局、银行等机构，谎称受害人名下的电话卡发送了诈骗短信、有非法出境记录、名下银行卡涉嫌洗钱等，受害人大都会说没有这回事。这时诈骗分子就会说可能是身份被冒用了，问身份证件有没有遗失过，要配合进行核查，于是把电话转接给所谓“公安机关”的“办案民警”。

“办案民警”肯定了前面提到的情况后并不会直接开始“核查”，而是先假惺惺让受害人到某个派出所去配合调查，这样听起来更符合公安机关办案的程序和逻辑。但是派出所一般距离受害人比较远，而且有时间限制，比如两小时内、今天下午等。目的就是让受害人根本不可能在要求的时限内抵达，“办案民警”就可以顺理成章地开始“网上核查”。

为了取得受害人的信任，“办案民警”会添加受害人的微信，发来假的警官证、手持证件照等，有的甚至会搭建派出所工作场景，和受害人短暂视频，使受害人放松警惕。然后，“办案民警”向受害人发送一个假冒最高人民检察院的钓鱼网站链接，让受害人自己打开并查询自己的身份信息，果然弹出受害人的“逮捕令”，使受害人陷入恐慌之中。由于整个诈骗过程时间较长，为了防止被警方或他人打断，诈骗分子会强调：“此案高度机密，不得向任何人透露，包括自己的亲人和当地公安机关。”有时候也会在“逮捕令”上以文字方式强调。同时，通过多种方式将受害人单独“隔离”开来。通常会让受害人找一个僻静的地方接听电话，如让受害人去宾馆开一间房，防止他人听到。有的甚至会让受害人新买一个手机和电话卡，将原来的手机关机，用新的号码接听电话。还有的甚至会采用呼叫转移的方式，让受害人在手机上输入一段代码，将受害人的电话呼叫转移到事先准备好的空号或无法接通的号码上。

获取信任的最终目的还是钱财。最初冒充公检法诈骗的最后环节是诱骗受害人到 ATM 机上转账，后来随着电子支付的发展，网络转账成为诈骗分子主要的获取资金方式。“办案民警”以要对受害人的银行账户进行资金清算为由，诱骗受害人将账户内的资金转移到“公安机关”的“安全账户”，待清算完成后退还。有的“办案民警”会让受害人下载“资金清算软件”，对账户资金进行清算。所谓的“资金清算软件”，其实是一款远程控制软件，可以远程操控受害人的电脑，在受害人告知银行账户密码和配合插入 U 盾的情况下，直接将账户中的钱转走。

防骗提醒

1. 公安机关没有“安全账户”，更没有“资金清算软件”，凡是提到这两个词的都是诈骗。

2. 公安机关办案对证据要求非常严格，做笔录、提取证据都要求当事人签字确认，因此一般不会线上办案。

3. 公安机关发现违法犯罪线索后，会初步查清违法犯罪事实，然后再决定要不要实施抓捕，而不会直接打电话给犯罪嫌疑人。

知识点

什么是远程控制？

远程控制最早是应用于电脑上的，开发出来的目的是方便电脑管理员，在家或外地都可远程管理电脑。这个功能被黑客和犯罪分子利用，在受害人电脑上植入服务端或木马，可以远程控制受害人的电脑，使用这些被控制的电脑作为跳板，进而实施违法犯罪行为。这些被控制的电脑，通常被称为“肉鸡”。随着智能手机的飞速发展，手机系统也出现了类似的远程控制软件，犯罪分子可以从电脑端远程控制他人的手机。

四、家长群冒充老师诈骗

典型案例

2021年3月15日，诈骗分子潜入重庆市南川区某中学高中一班级家长微信群，伪装成班主任，以开设辅导班的名义添加家长微信，要求家长交辅导费3260元，导致多名家长上当受骗。

骗术揭秘

诈骗分子潜入学校班级家长群的方式多种多样，有的在校门口找家长闲聊，冒充同班学生家长让帮忙拉入群；有的在游戏平台以送皮肤为由哄骗拿着家长手机玩游戏的学生，让帮忙把自己拉入家长群。

进入家长群后，骗子会先在群中潜伏一段时间，观察老师的发言特点和时间规律。然后将自己的头像和个人信息改成与班主任老师一模一样，在老师上课等经常不在线的时间段发布收费信息，让家长转账缴费。有的骗子还会提前将自己的小号拉入群中作为“托”，第一时间发送已缴费的截图，带动其他家长缴费。

防骗提醒

班主任要对本班级的 QQ 群、微信群成员身份进行核查，发现身份可疑的成员要尽快清除出群。同时要启用入群验证功能，避免陌生人随意加入班级 QQ 群、微信群。要教育学生不要将除家长外的其他人拉入班级群，或者出示班级群的二维码。

家长遇到班主任在 QQ 群、微信群收费时，要核验班主任身份，察看群内是否有两个班主任头像的成员，可以给班主任打电话进行核实。

知识点

什么是二维码？

二维码，又称二维条码，是在一维条码的基础上扩展出的一种具有可读性的条码。它的本质是通过按一定规律在平面上分布的黑白相间的图形记录数据、符号信息，大多数就是一串数字编码或者一个网站链接。不法分子可能将钓鱼网站或者木马病毒的下载地址生成二维码，引诱用户扫码下载。因此，尽量不要扫描来源不明的二维码，即使需要扫描，扫描之后也要仔细观察，防范风险。

五、冒充老板诈骗财务

典型案例

2021 年 11 月 22 日，遂宁市某商场的财务人员张先生收到“董事长”的 QQ 邮件，要其通知公司财务、会计、出纳全部加入“公司高层内部告知 QQ 群”，有工作安排。

一看是“一把手”安排，张先生自然十分重视，当即进入 QQ 群，并且把出纳王女士也拉入群中。进群一看，公司办公室主任、几位股东都在群里。聊天中，“老总”发了一张 50 万元的转账记录截图，询问张先生是否到账。王女士告知其还未到账。“老总”又在群里询问公司全部账户资金还有多少。得知账上还有几百万元资金后，“老总”称自己在开会不方便打电话，有一笔费用需要立即支付，并要求出纳王女士尽快处理。接下来，按照“老总”的要求，出纳王女士先后分三笔向“老总”提供的账户转账 400 万元。这时，公司真正的老板发现了账户上的资金变动，打电话询问为何转账，张先生和王女士这才发现上当受骗，并报警求助。

骗术揭秘

骗子通过非法手段获取公司管理人员、邮箱、联系电话等相关信息，伪造公司老板、股东等人员身份，建立一个联络群。然后通过电话或者邮件等方式将公司财务人员拉入群中，有时还冒充税务部门打电话到公司座机，以税务稽查的名义通知公司财务人员加入联络群。公司财务人员将注意力放在即将到来的税务稽查上，进而放松了防备。

财务人员进群后，“老板”和“股东”“税务人员”寒暄几句，或者假装和群里其他公司的“老板”谈一些合同问题。然后，“老板”会问财务公司账户上还有多少钱，以便确定诈骗的金额。之后，“老板”就会要求财务支付一笔定金，或者以合同还需要修改为由，要求财务退回一笔定金（声称定金打到了“老板”的私人银行账户上）。同时还会用“速办”“立即办理”等口吻催促财务人员马上转账，并且说自己在陪领导或者是开会，手续之后再补，防止财务人员打电话给老板核实。

防骗提醒

财务人员包括会计和出纳，掌管着企业的收入与支出。但是很多企业财务管理不规范，会计和出纳由一人兼任的情况普遍，为诈骗分子实施诈骗提供了方便。而财务人员一旦受骗，往往造成企业账户巨额财产损失，财务人员也因此背上官司。

企业应当建立完善、严格的财务审批制度，规范公司日常财务行为，为公司财务管理装上制度的“防火墙”。财务人员应强化网络安全知识培训，不要轻易点击邮件、网页上的链接，防止中木马病毒、泄露公司机密。

我们对网上的任何人员的身份都应该持怀疑态度，对认识的人要电话或者当面核实，才能确认身份。老板、上级要求转账汇款的，务必电话或当面核实。

知识点

特洛伊木马

特洛伊木马，是指寄宿在计算机里的一种非授权的远程控制程序，这个名称来源于公元前 12 世纪希腊和特洛伊之间的一场战争。特洛伊木马程序能够在计算机管理员未发觉时开放系统权限、泄露用户信息，甚至窃取整个计算机管理使用权限，是黑客们最常用的工具之一。它是一种典型的网络病毒。它以隐蔽的方式进入到目标机器，对目标机器中的私密信息进行收集和破坏，再通过互联网，把收集到的私密信息反馈给攻击者，从而实现其非法目的。

六、冒充领导诈骗

典型案例

2021 年 12 月的一天，邵某的微信收到单位“领导”加自己为好友的申请。通过申请后，“领导”先是嘘寒问暖两句工作上的事宜，接着便说有事找邵某帮忙，一会儿要转账 85 万元到邵某账户上，请邵某帮忙转出并表示："不想让别人知道，你要在保密的情况下办理好。"

邵某以为"领导"因不方便出面，这才借自己的账户，以自己的名义转个账而已，遂答应。不一会儿，"领导"发来一张转账回执单，称已转账85万元给邵某，要邵某立即将这笔钱转到指定账户上。邵某发现自己账户并没有任何资金到账的信息，有点起疑。但"领导"不断提到"急用""跨行转账到账慢""你先安排把钱转过去"等，邵某便懵懵懂懂从自己账户上转了85万元到"领导"提供的个人账户中。

钱转过去后不久，邵某便意识到自己被骗，赶紧报警求助。

骗术揭秘

诈骗分子通过网络渠道非法获取受害人手机号码或者微信号等信息，然后通过政务公开信息获取当地领导身份信息，伪造一个领导的微信号。通常会在政务网上下载领导的照片作为头像，取一个看起来很正经的昵称，令人一眼看过去就联想到领导身份。

准备完毕后，"领导"会直接请求添加受害人微信、QQ或者抖音号等，附言处用不容置疑的口吻直接自报家门："我是市委书记×××，这是我政务微信，请通过一下。"也有的诈骗分子通过变声器改变声音，打电话要求受害人添加或者通过微信。为防止露馅，通话时间通常很短。

添加好友后，"领导"先对受害人来一番嘘寒问暖。这短短的一段聊天却非常重要，有着"一石三鸟"的功效。首先，假意过问受害人的工作或者企业经营情况，表现出对下属或者企业的关心，让受害人放松警惕。其次，微妙地透露关于人事变动或者新项目建设的一些信息，让受害人想入非非，更加珍惜这段“关系”。最后，假称要受害人找机会“当面汇报”，或者是要到当地去视察，等同于告诉受害人：“我们马上就要见面了，不用怀疑我的真实身份。”

嘘寒问暖过后，稍等几个小时或者隔天，“领导”就会发来帮忙的请求。理由通常是自己正在开会或者陪别的领导视察，别的领导或者亲戚需要一笔钱，但是不方便自己直接转账给他（怕被查），想通过陌生人（也就是受害人）帮忙转账。一些人认为，能为领导办私事是一件非常荣幸的事，如果这件事还带点私密性，更是表明了领导对自己的信任，成了领导的“自己人”，那么，飞黄腾达指日可待。更何况只是过一下账这种小事，自然是欣然应允。诈骗分子正是利用了这部分人的这种心理，伪造一张已向受害人转账的“转账凭证”，让受害人立即给其提供的账户转账。这时候受害人自然没有收到转账，当受害人提出疑问时，诈骗分子则编造“爱人在转账时不小心默认设置了延时转账”“跨行转账要延时到账”等理由，同时又以“急用”“保密”“你先安排把钱转过去”等理由不断催促受害人先行转账。一旦受害人转账成功则立即拉黑好友并跑路。

防骗提醒

遇到“领导”在社交平台上主动添加自己为好友时要提高警惕，应当通过多种途径进行核实，可以通过询问单位进行初步核查。在“领导”要求自己转账的时候，不论什么情况，一定要当面或者电话核实身份。

网络上什么都可以伪造，“转账凭证”也可以伪造，转账要以实际到账为准。树立正确的人生观、价值观和政绩观，廉洁自律，洁身自好，对可能涉及行贿受贿、利益输送等问题的要坚决抵制、不参与，防止被不法分子利用。

知识点

转账凭证也有假的吗？

为了实施诈骗，很早以前，诈骗分子就尝试在银行转账凭证上做文章，最早用的是 PS 技术，将现有的转账凭证拍照修图，改变凭证内容。但是这种方式费时费力，而且修图的水平没有保障，容易露出马脚。后来，有人专门开发了软件，只需要输入相应的转账信息，就可以一键生成一张转账截图，包括银行卡余额、支付宝余额、微信钱包余额等都可以一键造假。因此，我们在看到转账凭证时，切勿轻信，一定要到银行核实，以实际到账为准。

七、名校培训班诈骗

典型案例

2021 年 12 月 10 日，河南郑州的程先生收到一条 QQ 好友申请，对方称是其女儿，学校要求清华大学的资深教授来校培训几门课程，自己很想报名。随后，“女儿”向程先生推荐了“报名处李主任”的 QQ 号。程先生咨询了课程情况和收费标准后，选择了两门课程，并将培训费 24400 元和培训器材押金 16000 元一同转入指定账户。次日，程先生联系自己的女儿后才发觉被骗。

骗术揭秘

诈骗分子通过非法手段获取学生的学籍和家长信息，然后盗用或者注册新的 QQ 号、微信号冒充子女对家长实施诈骗。如果是注册了新号码，通常会找手机损坏、丢失，或者忘记原账号密码等借口。而且，假冒的“子女”通常会说自己正在上课，不方便接打电话，防止家长打电话核实。

“子女”编造学校邀请名校知名教授进行培训的谎言，制作一个虚假的培训通知书或者报名海报发给家长，博取家长的信任。随后，将“报名处老师”或者“班主任”的联系方式推送给家长，进一步证实培训事宜，同时利用老师的权威实施诈骗。在全国顶尖大学，教授上课的“学费”自然少不了，一门课程都上万元。“老师”和“子女”一再声称机会难得，错过就再没有机会了，最好多报几门课程。同时还实时通报：报名即将截止，剩余名额不多了，只剩四五个了，要报名从速，以转账时间为准。让家长在紧张中没有时间过多思考和核实情况，赶紧向“老师”提供的账号转账，占上名额再说。

诈骗分子骗钱都是分步进行的，待家长交了“报名费”后，“老师”又会以培训课要交资料费、器材使用押金、保证金等为由，继续诱骗家长转账。

防骗提醒

学校和老师都应当提升网络安全意识，加强对学生和家长资料信息的保管和保护，防止泄露信息，进而被犯罪分子利用实施诈骗。

家长对子女提出的涉及钱财的要求一定要电话或视频核实身份，不能因为子女在上课或者其他情况就跳过核实环节。不论是学校还是老师，在涉及要家长缴费的问题上，一定会留出时间来让学生和家长充分沟通的。如果制造时间紧迫感，一再催促缴费，则很可能就是诈骗，更应详细核实情况。如果“子女”强调不方便接听电话，则可通过在社交软件上对私密问题提问的方式，核实“子女”真实身份。

同时，家长应保存子女就读学校班主任老师的联系方式，便于就子女学习、生活问题进行沟通，遇到名校培训班报名的情况，可以直接打电话向班主任老师核实，既能清楚了解情况，又不必再担心耽误报名的问题。

知识点

什么是暗网？

暗网是指利用加密传输、P2P 对等网络、多点中继混淆等，为用户提供匿名访问的隐藏网络，普通网民无法通过常规手段搜索、访问，需要使用一些特定的软件、配置或者授权才能登录。由于暗网的匿名性特征，容易滋生以网络为勾连工具的各类违法犯罪，如贩卖毒品、传播色情恐怖信息、贩卖个人信息等。

延伸阅读

我们的个人信息是如何泄露的?

所有的电信网络诈骗，都是从个人信息泄露这个源头开始的。即使是诈骗分子群发短信，至少也要知道受害人的手机号码。诈骗分子在精准掌握用户个人信息的前提下，能编造出迷惑性更高的诈骗场景，提高诈骗的成功率。

我们的个人信息主要包括：姓名、性别、年龄、身份证号码、电话号码及家庭住址等在内的个人基本信息；网银账号、第三方支付账号、社交账号、邮箱账号等账户信息；通讯录信息、通话记录、短信记录、聊天记录、个人视频、照片等隐私信息；以及设备信息、社会关系信息、网络行为信息等。

当我们在网络上留下痕迹时，同时存在个人信息在不知不觉中被窃取甚至被利用的风险。进入信息化时代，大众对互联网的依赖性越来越强，每个人都应该提升网络安全意识，了解网络安全风险，最大限度做好自我防护。因此，我们应了解个人信息泄露途径，以妥善采取保护措施，确保自己的个人信息不受侵害。

1. APP 违规收集个人信息

很多 APP 都存在非法授权、超范围采集使用个人信息的问题。实际上，大部分下载到手机的 APP 都能获取用户信息，包括用户注册数据、使用行为数据，如搜索过什么感兴趣的信息，都会被 APP 记录下来，并上传到服务器。有些 APP 还会把用户信息非法外传，甚至和其他公司交换。有的企业对数据管理不善，系统安全级别不够，用户数据被黑客盗取、被内部人员盗卖的现象也时有发生。比如，2020 年圆通公司 40 万个用户数据泄露，就是 5 名“内鬼”与外部人员勾结造成的。近年来，工信部已经多次通报此类问题，并且下架了豆瓣、唱吧等多款知名 APP。2021 年《个人信息保护法》出台以后，法律对个人信息的保护更严格了，要求 APP 在采集个人信息方面遵循“知情同意”和“最小必要”两条基本原则。我们在使用 APP 的时候，对 APP 要求获取的权限提示一定要认真思考、谨慎允许。

2. 使用黑客技术盗取

我们的个人信息被收集后，都存在数据库里，需要用的时候再调出来。一个数据库通常有数以亿计的用户数据，因此也是信息保护的关键。但是，目前国内很多企业在网络安全方面的资金投入不足，信息安全问题凸显。此前发生的 QQ 群、163 邮箱、天涯、万豪、华住等用户数据泄露事件，都和黑客攻击有关。

盗取用户信息通常有三种方式。第一种是盗库。顾名思义就是黑客通过入侵 APP 后台服务器盗取数据库数据，把用户数据下载到当地，也称为拖库。第二种是撞库。大家为了方便记忆，在很多平台使用的都是相同的密码，而且很多都与出生日期、手机号码等相关。黑客利用社工库或者弱口令，不断地试着登录用户账号，最终试出正确的用户名密码，就叫作撞库。因此，我们设置密码是要设置高强度的密码，混合使用字母、数字和符号，增加被撞库的难度。重要账号单独设置密码，并定期对密码进行修改。第三种是爬虫。所谓爬虫工具，就是一段程序编程而成的信息采集器，不知疲倦地在网络上抓取信息。最早也是最广泛使用爬虫的就是搜索引擎，所以我们通过搜索引擎能搜索到很多我们想要的内容，正是爬虫的功劳。但是，爬虫也被不法分子利用，非法搜集个人信息，甚至入侵计算机系统。我们的个人隐私信息被爬虫收集，用于非法用途，甚至出售。2020 年 1 月 13 日，上海宝山法院对一起利用爬虫技术实施诈骗的案件进行了宣判。两名被告人通过爬虫软件获取淘宝新开网店的信息冒充顾客和客服人员，向店铺发送商铺未激活、交易被关闭等虚假信息，利用新开店铺不熟悉淘宝规则的弱点实施诈骗，两年内诈骗 160 万余元。

3. 钓鱼网站收集个人信息

不法分子专门收集个人信息的钓鱼网站，通过短信或者互联网将链接、二维码大量群发给用户，诱导用户点击链接、扫描二维码填写姓名、身份证号码、银行卡号、密码、手机号、验证码等信息。朋友圈中风靡的一些来源不明的如测试小游戏、填信息领奖品、微信清粉、砍价、投票等，往往会先让我们填写自己的相关信息，如姓名、生日、手机号等，目的就有可能是窃取用户信息。比如，疫情期间发布“填写个人信息免费领口罩”等虚假信息页面，诱导用户进行注册或进行个人信息填写，实则目的是窃取和非法收集用户个人信息。前几年，假借办理高额度信用卡的名义收集个人信息的钓鱼网站大量出现，因为办理信用卡填写的个人信息最全面，连家属、同事的信息都填进去了。面对此类需要填写个人信息的诱导性内容网页，我们应留个心眼，先核实真伪。

2022 年央视 3 · 15 晚会上，首次设立了“3 · 15 信息安全实验室”，针对消费者日常生活中那些容易被忽视的信息安全隐患，进行专业测试，及时发出风险预警，其中“Wi-Fi 破解精灵”“雷达 Wi-Fi”“越豹 Wi-Fi 助手”等 APP 被央视点名曝光。工程师测试发现，这类免费 Wi-Fi 的应用程序在后台大量收集用户信息。比如，一款叫“雷达 Wi-Fi”的应用程序，一天之内收集测试手机的位置信息，竟然高达 67899 次。这意味着用户从早到晚、包括睡觉，这些应用程序都在不断定位，用户的生活轨迹、行踪，甚至是职业、喜好都会被曝光。[①]

4. 随意丢弃快递单、票据

不少人有随意丢弃快递单、火车票、取款凭条、信用卡对账单等票据的习惯，然而这些票据上往往有姓名、手机号、消费记录等信息，随意丢弃容易造成私人信息泄露。通过这些信息，不法分子基本已经“认识”了我们。知道我们的姓名，家庭或者公司的地址，以及手机号，可以找到我们绑定的微信、支付宝、QQ、微博等社交媒体账号。顺着这些信息还可以了解我们的相貌、学校、社团、喜好、偶像、微博给谁点过赞、喜欢听什么音乐。通过我们购买的物品，可以了解我们的消费习惯和经济能力，还可以推测我们的生活习惯……因此尽量不要随意丢弃快递单、票据，丢弃前最好先进行抹除、撕毁等处理。

5. 连接存在漏洞的风险 Wi-Fi

公司、商场、酒店、KTV……在这些场所活动的我们，只要有 Wi-Fi 可以连，就绝对不会使用手机的数据流量。然而，公共 Wi-Fi 存在巨大的安全风险，很容易导致个人信息的泄露。

Wi-Fi 是由路由器发射出来的无线信号，通过无线功能连接

---

① 《警惕！“免费 Wi-Fi：APP 暗藏陷阱：不仅连不上，还致隐私大量曝光》，载光明网，https：//m. gmw. cn/2022-03/17/content_1302849076. htm。

过 Wi-Fi 的设备，都能被终端的路由器获取到相关的信息。靠着获取设备信息的手段，一些不法分子利用“免费 Wi-Fi”设置成诱饵，引诱想要蹭 Wi-Fi 的市民，从而窃取其手机里的个人信息，包括网银密码、炒股账户密码、信用卡密码等。

很多人的手机默认开启了 Wi-Fi，就会不停搜索周围的 Wi-Fi 信号，并尝试连接。若是刚好遇到一个不用密码的免费 Wi-Fi，手机则会在我们不知情的情况下，自动连接。造成的结果就是，被路由器终端记录下一些重要的信息：手机 IP 地址、设备名称、连接时间、访问记录等。不法分子会根据以上信息，分析出设备的 MAC 地址，接着转换成“IMEI 号”，最终转换为他们想要的“手机号码”。如果用这些信息跟大数据结合起来，就可以迅速识别出设备的家庭地址、身份证号码、搜索记录、消费记录等隐私信息。若是我们在这个过程中，还输入了密码、付款等敏感操作，那么就有可能会造成财务损失。

6. 轻易发布和透露个人信息

在社交平台发布日常动态是一些人的爱好，殊不知，一不小心也可能泄露自己的个人信息，如不小心晒了自己的车票、护照等从而泄露身份信息，使用“所在位置”功能泄露位置信息等。因此要尽量避免在社交平台“说得太多”。

第二章　利益诱惑类诈骗

一、刷单返利诈骗

典型案例

2021年8月10日，李某被拉入一个微信群，群里有人发送了一条下载APP点赞就能赚钱的信息。李某下载了APP，按要求刷单做任务。第一单任务投入5000元，赚了1188元且顺利提现，李某随后陆续投入10000元、30000元、110000元，派单员却以“需再做一单才能提现”“任务失败，再做一单弥补”“需要风控和验资否则无法提现”等理由让其继续投入。直至投入600万余元仍无法提现后，李某才到派出所报警。

骗术揭秘

刷单是一个电商衍生词，是店家付款请人假扮顾客，用以假乱真的购物方式提高网店的排名和获取销量及好评吸引顾客的违规行为。刷单诈骗是典型的利诱式诈骗。诈骗分子通过线上线下各种花样繁多的方式将受害人拉入刷单群中，常见的引流方式有：兼职，免费送榴莲、电饭锅、空气炸锅，同城免费交友，等等。入群后，利用群里的“托”发布“成功”案例，引诱受害人参与刷单。

待受害人开始刷单后，往往会有“派单员”进行一对一指导。刚开始时，受害人都会选择刷小单试探，一单可以赚几块钱，一天下来动动手指轻松就可以赚几十元甚至几百元。往后，随着受害人信任的建立和赚钱欲望的增加，开始以“小单抢完了”“单越大赚钱越多”为由，诱骗受害人刷大单、垫付大额资金。

待受害人投入大额资金后，欲提现时，平台会告知受害人“这是一个联单”“需要再刷一单才能提现”，再刷单后平台又会以“任务出错”“卡单”等各种理由拒绝提现。但同时，为了诈骗更多的钱财，又会以刷满多少单、多少钱后会与前面的垫付资金和佣金一并提现等诱惑受害人投入更大的资金。受害人此时的心理陷入沉没成本效应，不愿意损失之前投入的金钱，即使内心猜到对方可能是骗子，仍然抱着一线希望选择相信会返钱，从而网贷、借钱甚至挪用公款，直到再也筹不到钱，一身负债，才幡然醒悟。

传统的刷单诈骗金额往往不会太大，被骗几十万元已经是极高的了。为了骗到更多的钱财，一些诈骗分子将刷单与网络赌博结合起来，发明了利用虚假的博彩平台进行诈骗的新套路。以为博彩平台刷单为由，诱骗受害人下载虚假的博彩平台赌博，开始几单盈利并顺利提现，后面不断盈利但不能提现或者制造亏损，让受害人深陷其中，使得刷单诈骗的损失金额也大大增加了。

防骗提醒

1. 刷单本身是破坏社会信任的违法行为，任何情况下请勿参与刷单。不贪不义之财，不易遭受损失。

2. 各大平台都有打击刷单的机制，因此真正的刷单对参与者账号的信任值要求是非常高的，刷单过程要高度模仿正常买家的行为特征。如果一个刷单平台没有任何限制和要求，可以判定为诈骗平台。

3. 一旦刷单被骗，发生“联单”、“卡单”、不能提现等现象，要及时止损，立即报警，争取最快时间内将资金止付。切勿幻想诈骗分子会将钱财退还！

知识点

什么是沉没成本效应？

沉没成本指的是已经付出的时间、金钱、精力等成本，它不会因之后的决策而改变。简单来说，就是覆水难收的意思。但是，沉没成本会影响行为决策，可能会造成进一步的损失。这种影响叫作沉没成本效应。人们在做出决策时，总会顾及过去的成本及收益从而导致错误决策。

沉没成本效应被诈骗分子广泛运用，很多诈骗手段都是先让受害人尝点甜头，或者造成小额损失，再一步步蚕食受害人的资金，而不是一步到位，诈骗分子正是利用了受害人的拒绝沉没成本心理，使其越陷越深。

二、虚假投资理财诈骗

典型案例

2021 年 2 月 19 日，陈女士通过社交软件添加了一个陌生人，对方自称某房地产公司董事长。经过几天网聊后，陈女士因对方的经历与鼓励，渐生崇拜之情。对方向陈女士提起一个投资平台盈利可观，表示愿意带她投资。2月22日，“董事长”给陈女士发来一个投资网站的链接，耐心教其注册、充值、买卖。陈女士进行试探性投资，连续盈利。“平台客服”以各种返利福利引诱陈女士增加投资。

短短5天内，陈女士充值913万余元。3月1日，陈女士想把资金提现，“客服”称需要缴纳提现金额的50%作为保证金，陈女士又向“客服”提供的银行账户多次转账共计772万余元。3月3日，陈女士再次登录平台提现时，发现账户余额被清零，“董事长”和“客服”均联系不上，这才察觉被骗，共计1685万余元。

骗术揭秘

虚假投资平台诈骗的核心在于制作一个以假乱真的投资平台。这个平台由诈骗分子自己操纵，可以随意更改涨跌，限制买卖，控制盈亏，也可以随意更改“客户”的账户信息。有的平台引用正规平台的价格曲线，使平台看起来非常逼真。甚至有的投资者连续投资几年，不断亏损，都没发现平台是假的。

搭建了一个虚假投资平台之后，诈骗分子接着吸引受害人到这个“平台”上来投资。引流的方式有很多种，有一种方式是通过微信朋友圈引流。前两年很多人都经常收到陌生人发来的加好友申请，申请之前会先将目标的手机号存到手机通讯录里面，这样收到好友申请的时候就会显示：通过手机通讯录添加。申请理由通常是：“我姐姐让我加你的。”这些操作让被申请者以为这是自己的好友，从而通过申请。通过申请后，这些人却不说话，而是长期埋伏在好友中，偶尔发一发豪车、旅游、小资生活的朋友圈炫耀“实现了财富自由的生活”，晒一晒投资收益，吸引受害人主动询问。真的是“姜太公钓鱼，愿者上钩!”

虚拟投资平台诈骗常见的引流方式还有股票直播引流。诈骗分子通过广撒网的方式，在网络上发布股票投资信息。

通过非法手段获取股票投资者信息后，诈骗分子与网上的理财分析师建立合作，以按人头付费的方式，将有投资理财需求的人引流到诈骗分子的投资理财群，群内除了受害人，大多是诈骗分子设置的“托”。

“导师”不断在群里进行授课，而群里的“托”负责炒热气氛，经常晒“导师”带自己炒股的收益截图，“今天又赚了个涨停”等，动不动发个红包感谢“导师”，就是为了让受害人相信“导师”很厉害。

“导师”或者“助手”会单独添加受害人好友，进行“一对一”服务，让受害人下载他们的炒股软件进行炒股。这个炒股软件是诈骗分子精心制作的虚假软件，有的甚至会导入股市 K 线图，看起来非常逼真。当受害人投入资金“炒股”后，诈骗分子在后台控制股票涨跌，要么让你使劲赚钱，但就是提不了现；要么就是想方设法让你不断亏损，再不断怂恿你加大投资“回本”。也有少数放长线的，甚至会让受害人提现，但是终归要让你将钱“亏”在里面。

由于人们对股票投资的了解程度较高，忽悠起来难度较大，很多诈骗分子采取的是另一种方式。“导师”先带着炒股票，过一段时间后告诉大家，现在股票的风口已经过去了，想赚钱不容易，现在有个更好的风口，名额有限，问大家要不要参加。这时候，各种“托”抢着报名，受害人怕失去机会，自然先报上名再说。“导师”说的风口一般是炒黄金、炒现货、炒外汇、炒虚拟币等，因为普通老百姓对这方面知识掌握更少，更好忽悠。后面的套路和之前一样，总之就是为了怂恿你投钱。

防骗提醒

有的虚假投资诈骗的骗局藏得很深，很多时候受害人真的以为自己在投资。有的受害人，“投资”了 5 年才发现自己一直在一个假的平台上投资。所以，准备投资前我们一定要擦亮双眼。

永远不要相信网上的投资“专家”“导师”能够带你“发财”，如果他有那么厉害，他早就发财了，不至于还在这儿当“导师”。要知道，股神巴菲特的平均年化收益率也才 20% 出头，这已经是投资界的天花板了。动不动就说收益翻倍、画大饼的“导师”必然是骗子无疑。

投资时最好到线下营业厅开户，并到营业厅下载官方的投资软件，不要随意在网上下载投资软件，更不要安装他人发来的投资软件。永远不要投资自己不熟悉的东西。钱是我们自己的，我们不能听信他人一面之词就轻易投资。如果我们在某个投资平台投资，可以将平台内的曲线图与官方的曲线图进行对照，看是不是伪造的曲线图。

正规的投资理财平台充值方式都是直接在平台内充值，诈骗的投资平台很少能够做到在平台内充值，因为这需要用到对公账户和银行签订协议，所以诈骗的投资平台充值方式都是平台外转账，而且还都是转到个人账户中。这可以作为鉴别投资平台真伪的一条准则。

理性看待投资损益，合理设置投资止损、止盈点位并且严格执行。拿出工资收入的部分投资，一定不要贷款投资，也不要把鸡蛋放在一个篮子里。

知识点

虚假 APP 为何泛滥？

目前的电信网络诈骗案件中，大部分都有虚假 APP 的参与。很多受害人以为所有 APP 都是经过国家审核才能发布的，对 APP 有一种天然的信赖感。然而，事实并非如此，网络上充斥着很多虚假 APP。事实上，所有公开发布的 APP 都是需要经过审核备案的。诈骗分子制作的虚假 APP 是不公开发布的，很难监管。这要从 APP 的制作说起。

APP 其实就是一段程序，通过封装后成为一个 APP，然后就可以使用了。所以，只要懂编程的人都可以在家里制作一个 APP。然后，诈骗分子将这个 APP 发给受害人安装。直到 APP 被举报、被监测到之后，网信办会采取措施封锁。但诈骗分子又会开发出新的诈骗软件来。因此，我们安装的每一个 APP 都有可能是假的。这也就是为什么一定要从官方途径安装 APP 的原因。

三、民族资产解冻诈骗

典型案例

2020 年 7 月初，张某敏联合“好友”张某富一起，在百色市、巴马县等地利用电话向顾某英编造一个“120”民族资产解冻项目，称每人仅需筹到 120 元钱参与该项目，就给每人返还几十万元。顾某英半信半疑间，抱着试一试的心态将钱转进张某敏指定的银行账户内。在收到顾某英的钱财之后，张某敏返还部分金额到顾某英的账户上，谎称是该项目的返利。顾某英尝到甜头后，深信不疑，组织了一个 300 多人的“团队”，按照每人 120 元钱的标准将钱转到张某敏提供的银行账户，妄想一夜暴富。

2020 年 8 月，藤县公安机关打掉该“民族资产解冻”诈骗团伙，抓获以张某敏为首的犯罪嫌疑人 6 名。

骗术揭秘

民族资产解冻骗局中，一些不法分子打着国家、民族旗号，宣称有一笔“民族资产”被冻结，如缴纳一定启动费用便可解冻获得巨额报酬分红。近年来，这一骗局借助互联网等社交工具，逐渐发展为一种集返利、传销、诈骗为一体的混合型犯罪。

民族资产解冻类诈骗的共同特点是诈骗分子伪造国家部委印章、证件、公文，冒充中央领导，编造“民族大业”“菜篮子工程”“国防预备役部队”“精准扶贫”“养老帮扶”“慈善富民”

等虚假项目，物色代理人通过微信群等现代通信、金融工具发展会员，声称缴纳数十元、上百元会费、报名费等费用就能获利数十万元、数百万元，甚至谎称可以加入“中国人民解放军预备役部队”，授予“司令”“军长”“师长”等职务，还可以终身领取工资等，从而实施诈骗。

此类诈骗具有传销性质，通常针对妇女和老年人实施诈骗，建立层级管理关系。为了骗取受害人信任，扩大诈骗范围，有的诈骗团伙还会进行适当返利。

防骗提醒

当前，我国没有任何民族资产解冻类的项目，凡是打着类似民族资产解冻旗号收钱的，不管钱多钱少，都是诈骗。凡是自称党中央、国务院领导干部，通过电话、微信、电子邮件、QQ 等方式进行所谓的“委托”“授权”“任命”的，均是诈骗。因为干部任免是有严格程序的，打电话说任命你为国务院秘书，军队旅长、团长的，都是诈骗。同样，国家不会通过网络等非正式方式发放扶贫款、救济款，凡是声称缴纳数十元、上百元会费就能获利数万元、数十万元甚至数百万元的各类 APP、项目，均是诈骗。

2019 年，公安部先后公布了两批 104 个虚假民族资产解冻类项目和组织，其中不乏“全国民族资产解冻委员会”“中华民族基金会”“中华人民共和国精准扶贫小组”“中华爱心基金会”“国家养老中心”“国际红十字会扶贫项目”“中华民族资产最高管理委员会”等打着国家机构名号、迷惑性非常大的组织名称。

大家要牢记“天上不会掉馅饼”，特别要提醒老年人，对于“精准扶贫”“民族资产解冻”“低投入高回报”等网上宣传信息一定要提高辨别能力，谨防上当受骗。

知识点

什么是钓鱼网站？

钓鱼网站，是指欺骗用户的虚假网站，它经常模仿真实的官方网站，让用户难辨真伪，然后诱导用户在网站上填写个人信息、银行账户信息等，盗取用户信息，盗刷用户银行卡。

我们在打开网站时，一定要认真核对网址，防止钓鱼网站浑水摸鱼。可到网站底部查看是否有 ICP 备案，未经备案的网站风险较大。大型的电子商务网站都应用了可信证书类产品，这类网站网址都是“https”开头。如果不是“https”开头，请注意风险。

四、买卖游戏装备、账号诈骗

典型案例

2020 年 7 月初，杨先生在游戏平台玩游戏时，看到有人要高价买游戏账号。杨先生联系了对方，对方愿意出 4500 元买杨先生的账号。杨先生没想到自己的游戏账号能卖这么多钱，马上就答应了。杨先生把自己的银行账户通过游戏平台发给了对方，希望对方先打钱，再把游戏账号转让给对方。但对方以这种交易方式不安全为由拒绝了，表示要通过专门的游戏交易平台来交易。杨先生觉得对方的要求很合理，于是点击对方发来的一个链接下载安装了某“游戏交易平台”APP，并在APP上填写自己的银行卡号等收款信息。结果，杨先生不但没收到钱，对方还说杨先生的银行卡号输错了一位，导致不仅杨先生的交易账号被冻结，连对方的4500元都被冻结了，要杨先生联系“游戏交易平台客服”解决。

杨先生于是立即在APP上联系了“在线客服”。“客服”告诉他，由于杨先生收款的银行卡号填写错误，导致杨先生的交易账号被冻结，需要向“游戏交易平台”指定的银行卡号充值等额的钱来解冻账号。账号解冻后，充值的钱和被冻结的钱会一并返还到杨先生的银行卡里。杨先生当时提现心切，没想太多就按照“客服”的要求向该游戏交易平台充入4500元，但是杨先生还是没有解冻成功。“客服”称杨先生的交易账号被再次冻结。由于之前已充值4500元，账户里面已有9000元，这次需要9000元才能解冻，杨先生又通过手机银行向交易平台提供的卡号充值9000元，结果发现解冻仍然没有成功。“客服”提醒杨先生必须在充值金额后面加上零钱，不能整充，并提示杨先生继续通过充值来进行解冻。杨先生这才察觉被骗，于是报警，被骗金额共计13500元。

骗术揭秘

诈骗分子通常在游戏平台大量投放广告或者直接联系当事人

表明想要购买游戏账号或者装备，待有意向者联系后，以“在交易平台交易更安全”为由，诱骗受害人到诈骗分子事先制作好的虚假交易网站或者APP上进行交易。交易过程中，以受害人输错银行卡号账户被冻结、征信不够、账户未激活等理由，诱骗受害人转账进行解冻、修补征信或激活账户等，多次实施诈骗。

防骗提醒

无论是游戏账号还是装备，虚拟商品和实物商品一样，遵循量价准则，如遇他人要购买游戏账号或者装备，但是报价明显超出实际价值的，一定要提高警惕，谨防上当受骗。通过正规的交易平台进行交易确实更安全更有保障，但是如果这个“交易平台”以各种理由要求转账汇款，而且汇款的账户是个人账户，这个“交易平台”极有可能就是一个钓鱼的诈骗平台，在未通过其他有效途径核实的情况下，切勿轻易转账汇款。

知识点

什么是“社工库”？

“社工库”是黑客与大数据结合的产物，黑客将有史以来泄露的用户数据整合分析，然后集中归档在一个地方，用于随时查询，也用于下次黑客攻击。这些数据包括各大网站的用户账号、密码、手机号，也包括我们平常在网上填写的职业、爱好、网络IP地址等各式各样的数据，可以说无所不包。通过“社工库”可以对一个人进行精准画像，也可以实施精准诈骗。

畅游网络时，我们要时刻牢记信息安全，不要随意填写个人信息，不同的账号要设置不同的密码，防止一个网站被攻破，全网账号密码都被盗取。

五、红包返利诈骗

典型案例

寒假期间，小鹏在家用手机刷短视频时，收到一陌生人私信，称添加微信可以免费提升关注人数，因小鹏没有微信，使用父亲的微信添加了对方好友。

随后对方在微信与小鹏聊天，称有“发红包返利”活动，转账 100 元就可以返还 200 元，依次类推，并发来一张别人成功返利的截图。小鹏信以为真，通过父亲的微信，根据对方发起的转账要求，先后转账 8 次共计转账 6200 元。

转账完以后，小鹏发觉可能被骗，便让对方先返款。后对方又让小鹏将手机里的聊天记录和转账记录都删除才能返款。但是，小鹏照做后过了一天，还是没有收到对方的返款，而且也联系不上对方，这才意识到自己被骗，内心害怕极了。后来，父亲查看自己手机发现钱少了询问小鹏时，小鹏才将被骗的事告诉了父亲。

骗术揭秘

红包返利诈骗主要针对的是未成年人，因此诈骗分子通常根据未成年人的特点，如爱看动画片、爱玩游戏、爱追星等，从这些方面寻找作案目标，添加对方QQ、微信等进行聊天，或者拉入所谓的“福利群”。然后以明星过生日、领取粉丝福利等理由，声称发红包就可十倍返利（当然也可能是五倍或者其他倍数），诱骗受害人向其发红包。

一般受害人都会先发小红包试探，这时候诈骗分子真的会十倍返款。但是，当受害人发的红包越来越大，一般大到几十元需要返还几百元的时候，犯罪分子就不可能再返款了。而是开始以各种理由让受害人继续发红包，如要连续发三个红包一起返款、返款需要交保证金、解冻费等。受害人的手机里没钱后，诈骗分子会让受害人偷偷拿家长的手机操作。而受害人怕被家长责罚，也为了能拿回发出去的钱，一般都会听话照做。有的诈骗分子会发来收款二维码，谎称是退款二维码，欺骗受害人扫码就可以退款，再次诈骗钱财。最后，诈骗分子还会声称删除聊天记录就可以退款，诱骗受害人销毁证据。

防骗提醒

近年来，随着未成年人使用手机成为普遍现象，而且未成年人比较好骗，针对未成年人的诈骗越来越多，方式、种类越来越繁杂。做好未成年人的防骗教育和工作，是家长不容忽视的问题。

家长要经常对孩子上网课使用的电脑、平板电脑、手机等电子产品进行检查，建议仅保留上课必须要用到的APP，把其他无关的游戏、社交、支付类等APP全部卸载。做好自身手机支付的安全措施，不要让孩子知道支付密码，更不要轻易设置免密支付，以免其受骗后大额转账汇款。同时也要关注孩子自己的微信账号、支付宝账号的余额。

加强对孩子的反诈骗教育，来历不明的电话、短信、链接一律不看、不理、不点，不要理睬网络上故意搭讪的陌生人，不要贪图小便宜，轻信中奖、赚外快等说辞，对于任何理由的转账、汇款要求，坚决不听、不信、不转账。同时，要帮助孩子树立正确的经济价值观，传达努力劳动才有回报，付出才会收获的正确理念。教育孩子多与老师、家长沟通交流，遇到自己无法辨别的事情，或者受到侵害后，要第一时间告诉老师、家长，及时报案，千万不要隐藏在心里。

知识点

什么是盗刷？

盗刷，顾名思义，就是偷偷地转走或消费他人银行卡、支付账号里面的钱的行为，最早是用销售终端（POS 机）刷他人借记卡、信用卡，故成为盗刷。随着电子支付的发展，盗刷的范围也扩大到了电子支付账号。有时我们银行卡还在身上，却收到了外地刷卡消费的短信，就是被盗刷了。

根据电子支付的规则，只需要知道账户的姓名、身份证号码、银行卡号、手机号码以及验证码，就可以将账户内的钱转走或者绑定消费。因此，我们一定要保护好自己的个人信息，特别是验证码，这是最后一道防线。收到验证码时，一定要认真阅读短信，看清楚此条验证码的作用，绝对不能将验证码告诉他人。

延伸阅读

反电信网络诈骗法

2022年9月2日，十三届全国人民代表大会常务委员会第三十六次会议通过《反电信网络诈骗法》，自2022年12月1日起施行。《反电信网络诈骗法》的出台标志着我国反电信网络诈骗工作进入新的阶段，为反电信网络诈骗犯罪提供全方位的法律支撑。

《反电信网络诈骗法》共七章五十条，包括总则、电信治理、金融治理、互联网治理、综合措施、法律责任、附则等。

第一章总则共有八条，明确了反电信网络诈骗工作的基本原则和治理思路是坚持以人民为中心，统筹发展和安全；坚持系统观念、法治思维，注重源头治理、综合治理；坚持齐抓共管、群防群治，全面落实打防管控各项措施，加强社会宣传教育防范；坚持精准防治，保障正常生产经营活动和群众生活便利。规定了地方各级人民政府组织领导、公安部门负责牵头负责、行业主管部门负责监管、企业负责安全的责任机制。

第二章电信治理共有六条，再次强调了电话卡实名制度的落实，明确了电信企业监管责任、代理商实名登记责任和违约处置措施。建立通信运营商用户开卡信息共享查询机制，限制办理电话卡数量。将“断卡”行动治理经验上升为法律，明确对涉诈高风险卡重新核验，并视情况进行处置的义务和权力。限制物联网卡开通、使用场景和适用设备，防止用作电信网络诈骗。明确电信业务经营者对风险电话的识别、拦截和溯源核查义务。禁止任何单位和个人制造、销售和使用 GOIP[①]、猫池、群控等非法设备。

第三章金融治理共有六条，强调落实金融账户实名实人制度，赋予金融机构尽职调查、全程监管和对风险账户采取管控措施的义务和权力。建立跨机构开户核验和风险共享机制，限制开户数量。金融、通信、市场监管、税务等部门建立企业账户信息共享查询机制，方便开展尽职调查。金融机构完善风险监测模型，赋予其对异常账户、可疑交易采取核实、限制或中止有关业务等防范措施的义务和权力。明确公安机关负责涉诈资金紧急止付、快速冻结和资金返还工作，金融机构应予配合。

第四章互联网治理共有六条，再次强调网络实名制，明确增加十四种需要实名验证的互联网服务。明确互联网企业对用户账户的监测义务，以及对异常账户采取重新核验、限制和暂停服务的义务和权力。加强涉诈 APP 的监测和处置。加强对域名注册后解析、跳转、转换等使用环节的管理。进一步明确了帮助信息网络犯罪活动罪的范围，明确互联网企业监测和拦截的义务。

第五章综合措施共有十一条，加强个人信息保护，强调未落实保护措施的要追责。明确新闻、广播、电视、文化、互联网信息服务等单位开展反电信网络诈骗宣传教育的义务。将断卡、断号的惩戒措施上升为法律，使惩戒行为有法可依。推进反诈研究和技术反诈工作。开展预警劝阻工作，首次提到被骗救助。公安部门加强专门队伍和专门技术建设，推进国际执法司法合作，共同推进打击治理工作。对电信网络诈骗活动严重的特定地区，可

① 即一种虚拟拨号设备（GSM Over Internet Protocol，GOIP）。

以采取必要的临时风险防范措施；对前往电信网络诈骗活动严重地区的人员，可以决定不准其出境；对因从事电信网络诈骗活动受过刑事处罚的人员，可以限制出境。

第六章法律责任共有十一条，首次明确了电信、金融、互联网行业经营者根据自身错误程度，需要向电信网络诈骗受害人承担连带民事责任。明确了电信、金融、互联网行业经营者违反《反电信网络诈骗法》的处罚规定，包括罚款、暂停相关业务、停业整顿、吊销相关业务许可证或营业执照等，以及相应的行政、刑事责任。

第七章附则共有两条，明确反电信网络诈骗工作适用的其他法律法规，明确《反电信网络诈骗法》的施行时间为 2022 年 12 月 1 日。

近年来，虽然公安机关一直在严厉打击电信网络诈骗违法犯罪，打掉了不少犯罪团伙，但由于许多电信网络诈骗犯罪团伙躲藏在国外，善于运用金融、技术手段，隐蔽性极强，实行遥控犯罪，打击难度很大。且司法打击具有滞后性，往往案发时群众的财产已经受损，即使破案了，追赃挽损也非常困难，群众的损失得不到补偿。《反电信网络诈骗法》针对这些方面的问题，都作出了相应的回应。特别是将反电信网络诈骗工作的重点放在诈骗行为实施之前以及实施过程中，贯彻了源头治理这条原则，变“亡羊补牢”为“未雨绸缪”。明确了政府、公安、通信、金融、互联网行业主管部门以及企业的全程监管责任，并且根据过错情况承担连带民事责任，为受害人追偿提供了法律依据。

第三章　网络交友类诈骗

一、网恋诈骗

典型案例

2022年1月，山东乐陵市的杨先生报警称被网恋女友诈骗16万余元。警方经侦查发现，诈骗杨先生的网恋“女友”竟是其表哥苑某。原来，2020年5月，苑某将“刘女士”的微信推荐给杨先生，介绍两人相识。经过一段时间聊天后，杨先生和“刘女士”迅速发展成为情侣。后来，“刘女士”先后以生病住院、还信用卡、交房租、生活费、过节费等理由向杨先生索要钱财。杨先生出于爱慕，对“女友”有求必应，先后转账30余次，共计16万余元。而对杨先生提出的见面和视频要求，“刘女士”则总是拒绝、搪塞或者拖延，始终没有见上一面。一年多后，在家人的劝说下，杨先生才来到派出所报警。

骗术揭秘

网恋诈骗的主要套路，是以谈恋爱为由向对方索要钱财。诈骗分子先通过网上下载他人的头像、图片，复制他人QQ空间、微信朋友圈或者其他社交平台内容，经常晒一晒出入高档场所、旅游、奢侈品、存款单据、消费票据、投资收益等“高品质”生活，精心包装、伪装成高富帅、白富美的形象，又展示一些孝顺、爱护小动物、当志愿者、做公益等正面动态，打造一个既高端又接地气的人设。然后，诈骗分子在婚恋网站、交友APP、交友群等社交平台上广撒网，寻找诈骗目标。

诈骗分子与受害人聊天之后，迅速确立恋爱关系，然后利用情人节、纪念日等索要红包，编造生病、做手术、家人生病、出车祸、做生意、资金周转、还信用卡、过生日等理由，又是撒娇，又是卖惨，博取受害人的同情和疼爱，索要钱财。也有的以借钱的名义，甚至会假惺惺地打借条，但是从一开始就没有打算还，签的也不是自己的真名。即使中途还一部分，也只是为了获取信任，很快又会借回去。而对于受害人的语音、视频和见面要求，则以各种理由推脱。有的甚至利用变声软件、化妆技术甚至“人皮”面具和对方视频，在美颜摄像头的滤镜效果加成下，受害人难以察觉异常。最后还会以见面的路费、礼品费等理由薅最后一次羊毛，然后拉黑好友后消失，或者以故意吵架分手、慢慢淡化感情的方式消失。

防骗提醒

畅游网络千万记住一条：任何东西在网上都可以伪造，特别是感情！PS 技术高超的人可以轻易地将一张身份证图片换个名字或照片，网友给你展示的手持身份证照片也不一定是本人。以前我们常说的一句防骗口诀是“视频核实”，但是事实证明，现在视频也可以作假，不再靠谱了。

对于网恋，网络只是一个媒介，网上确定了恋爱关系，最终还需要回归现实的生活，只有在日常琐碎的生活中才能确认这个人是不是真的适合你。所以，网恋应尽早在线下见面进一步加深了解。对于没见过面的网恋对象，不要轻易满足其大额转账要求。

对于网恋对象提出的钱财需求，可提出当面给现金或者转账的方式，追问对方的地址，检验事件的真实性。如果对方是诈骗钱财的，经不起几轮追问，很容易就露馅了。

知识点

人脸识别安全性如何？

人脸识别是基于人的面部信息特征的一种生物识别技术，广义上来说包括人脸图像采集检测、人脸图像预处理、人脸图像特征提取、人脸图像识别与匹配等方面。而我们生活中所谈到的“人脸识别”通常指基于面部信息的身份验证。任何技术都有漏洞，人脸识别同样如此。首先，人脸识别要收集用户人脸信息，并和其他个人信息建立关联，数据库的安全首当其冲。其次，张嘴、转头、眨眼等实人检测已被证实可被技术模拟通过。把人脸信息作为一种密码使用的缺陷在于，它是不可更改的。因此，我们要谨慎将人脸信息和金融账户关联，防止财产损失。

二、异国情缘诈骗

典型案例

2021年4月6日，李阿姨在“全民K歌”APP上认识了一名叫“唐纳德·理查德”的网友，对方自称是加拿大士兵，在非洲执行任务。两人互加微信，用中文进行了深入交流。几天后，“唐纳德·理查德”通过微信介绍其儿子凯文给李阿姨认识。4月15日，“唐纳德·理查德”称要出去执行任务，拜托李阿姨帮忙照顾儿子。次日，凯文在微信上跟李阿姨说被学校选中参加一个篮球赛，但需支付2500美元用于交通、食宿及比赛所需的材料，目前还差1500美元，约1万元人民币，但是无法联系上其父亲，请李阿姨帮忙先转账1万元到校长的账户。隔天，李阿姨真的转了1万元过去。

4月18日，“唐纳德·理查德”发来微信消息，称他这三天去执行了一个危险的任务，联合国会赔偿他66.6万美元（人民币45余万元），需要报一个受益人，想请李阿姨代领这笔赔偿金。“唐纳德·理查德”说这笔赔偿金已经支付到一个送货公司账户中，要李阿姨添加公司微信联系领取。接下来，“送货公司客服”以获取国际转让文件、更改文件姓名、防洗钱风险等理由，让李阿姨先后多次转账到不同银行账户。加上前面的1万元，李阿姨共计被骗46万余元。

骗术揭秘

异国情缘类诈骗专门针对年纪较大的女性设计，利用女性对国际政治、军事不甚了解的弱点，编造理由实施诈骗。

诈骗分子先利用下载的图片，在QQ、微信等社交平台上伪造出在异国执行任务的外国特种兵、雇佣兵、战地医生等身份，主动寻找一些年纪较大的女性添加好友，迎合受害人心理、爱好和习惯，通过聊天讲述残酷的战争故事、嘘寒问暖让感情迅速升温，以骗取受害人同情、爱慕和信任，从而建立友谊或恋爱关系。为了进一步获取信任，也为了骗取钱财，有的还会虚构出一个“子女”，介绍其与受害人认识，使这个虚假的“身份”更真实。诈骗分子还会表达即将退役，想要到中国定居生活的意愿，为下一步实施诈骗埋下伏笔。

接下来，这名“异国军人”会称执行危险任务得到巨额奖金、赔偿金、抚恤金或者有退役补助金、贵重物品等不便随身携带，要寄给受害人先行保管，自己将随后来到中国与受害人共同生活。诈骗分子称财物已经寄出，不给受害人拒绝的机会，将快递公司的联系方式给受害人联系领取。同时，冒充快递公司、海关等以寄递费、通关费、检查费、保证金等借口，要求受害人转账到指定账户，否则财物将被扣押。为了让受害人放心转钱，“异国军人”声称自己寄递的财物价值巨大，远超要交的各种费用，请求受害人帮忙垫付，之后会从寄递的财物中返还给受害人。经不住软磨硬泡，不少受害人选择转账，结果再也联系不上这名“异国军人”，这才发现被骗。

防骗提醒

网上不管是“高富帅”“白富美”还是“异国军人”，没见面就提钱的，大多是骗子，一定要认真核实身份，不可轻易转钱。遇到此类情况，要与身边亲友多沟通、多询问，防止落入骗子的圈套。

根据《快递市场管理办法》的规定，现金是不能寄递的，特别是跨国物流，更不允许寄递现金。此外，海关、银行等单位都可以在官方网站上查询到具体的办事流程，绝不会要求向个人银行账户转账汇款。

知识点

什么是诈骗罪？

诈骗罪，是指以非法占有为目的，使用欺骗方法，骗取数额较大的公私财物的行为。根据《刑法》第二百六十六条的规定，诈骗公私财物，数额较大的，处三年以下有期徒刑、拘役或者管制，并处或者单处罚金；数额巨大或者有其他严重情节的，处三年以上十年以下有期徒刑，并处罚金；数额特别巨大或者有其他特别严重情节的，处十年以上有期徒刑或者无期徒刑，并处罚金或者没收财产。

《最高人民法院、最高人民检察院关于办理诈骗刑事案件具体应用法律若干问题的解释》第一条规定，诈骗公私财物价值3000元至1万元以上、3万元至10万元以上、50万元以上的，应当分别认定为《刑法》第二百六十六条规定的“数额较大”“数额巨大”“数额特别巨大”。

三、“杀猪盘”诈骗

典型案例

2020年10月24日，马某在“唱吧”上添加在美国的中国女子薛某为好友，随后双方又加了“WhatsAPP”好友。从正常聊天开始，再慢慢往感情方面聊，双方很快擦出了“爱情”的火花。后来在聊天中，马某经常不经意地透露自己喜欢投资理财，并且给薛某看了其在理财平台上的资金和丰厚的收益。在马某的怂恿下，薛某心动了，将此平台告诉了其在国内的父亲薛某某。薛某某相信女儿，把手上的现钱，以及向亲戚借的钱，陆续转到马某提供的银行账户。截至2021年1月，短短3个月内，薛某和父亲共投入资金1013万元。后由于马某一直推脱见面，薛某将此事向朋友说起，被朋友点醒，这才发觉被骗，于是报警。

骗术揭秘

“杀猪盘”诈骗，是近几年兴起的一种既骗感情又骗钱的“经典”诈骗手段，是指诈骗分子利用网络交友，诱导受害人进行“投资”“赌博”的一种电信网络诈骗方式。“杀猪盘”诈骗的套路可以分为“找猪”“养猪”“杀猪”三个阶段。

“找猪”，是指诈骗分子寻找潜在受害人的过程。诈骗分子注册一个社交平台账号，通过购买照片或者在网上下载他人照片等方式，经常发关于工作、旅游、健身等精致、小资生活的朋友圈，有意无意透露自己有“豪宅”“豪车”，打造一个有钱、有颜值、上进、有爱心又有品位的“光辉”形象。从事的工作通常是某平台的网管、运维等相关工作，这是为了给后面实施诈骗提供方便。这个过程叫做“养号”。然后，诈骗分子在各大社交平台特别是婚恋平台寻找“猎物”，大龄单身男女青年、离异女性是他们重点进攻的目标。找到目标后，诈骗分子会主动打招呼、添加好友，从日常聊天入手，开始“养猪”。

“养猪”，是指诈骗分子通过聊天与受害人建立感情的过程。诈骗分子参照专门的《话术本》，结合网络上流传的“PUA”[①] 技术，针对受害人的心理，每天早上叫起床、晚上陪聊天、偶尔网上订束花……采取嘘寒问暖的方式，迅速与受害人确立恋爱关系，并透露未来要来见面一起生活甚至结婚的意愿，大谈未来共同生活的构想，勾起受害人的憧憬。也有少数以兄妹、姐弟相称。但是，在聊天过程中，基本以文字聊天为主，很少语音、视频通话，因为害怕暴露身份。为此，诈骗分子都提前想好了托词。比如，曾经和前妻感情非常好，但是一次前妻开车途中双方视频通话，导致发生了车祸，从此对视频通话有了阴影。既拒绝了视频通话，又建立了深情的人设，一举两得。在聊天中，对方会有意无意透露自己正在投资的情况，如在微信朋友圈晒收益截图，晒旅游、美食截图假称犒劳自己等，勾起受害人的好奇心和兴趣，主动询问情况。这样，诈骗的痕迹就不明显，不容易引起受害人的警惕心理。当然，如果受害人一直不问，他（她）也会在聊天中主动提起。

等到双方关系稳固之后，诈骗分子就会开始实施“杀猪”计划了。同样，为了减轻受害人的防备心理，他（她）一般不会直接叫受害人到某个平台投资，而是会绕一个大弯。通常的做法是找一个理由，如正在出差、开会，不方便操作，请求受害人帮忙操作平台进行“投资”，有的是以博彩平台的形式，也有的是以项目抢单的形式。这样做的目的是让受害人感受到“赚钱”的容易，受害人登录“恋人”的账号“投资”后，一次性“赚到很多

① Pick-up Artist，原意指“搭讪艺术家”，后用于指称“精神控制”。

钱”。有的“恋人”会发个红包来表示感谢。这种情况下，受害人都会对“恋人”的高收益“投资”方式产生好奇心，进而询问情况。“恋人”给出的理由大多是这样的：投资平台是自己负责维护的，掌握了平台漏洞；或者某个亲戚负责维护投资平台，掌握了平台漏洞。这个时候，就是怂恿受害人一起“投资”赚钱最好的时机。也有谨慎的受害人不为所动的，这时他（她）们就会主动去怂恿，打着为了两个人的未来辛苦赚钱的名义，软磨硬泡，逼着受害人“投资”。

只要受害人下载平台应用、注册账号并充值了，这次诈骗就成功了80%，高额的收益会刺激受害人的兴奋点，让受害人忘记了风险。最开始，“恋人”会特意提醒受害人提现一次试试看是否能正常提现。这次自然是能成功提现的，为的就是进一步打消受害人的顾虑。接下来，诈骗分子要做的，就是以漏洞会被修补为由，不断怂恿受害人加大投入。诈骗分子熟悉各种网贷平台，可以耐心指导受害人申请贷款，教会受害人怎么用信用卡套现，以及向亲朋好友借款，甚至抵押房产、车辆去贷款。

随着受害人充值的金额越来越大，“投资”的收益也越来越大，账户里的数字水涨船高，至少也是“赚”几十万元起步。但是，这时候，“恋人”不再让受害人提现，反而会以各种理由阻止受害人提现。直到受害人几乎把所有的钱都投入了，诈骗分子还会不甘心地再榨一次油水。当受害人提现时，“投资”平台会提示要先交保证金，按照提现金额的比例交，如40%。这个时候，所谓的“恋人”也会从旁协助，说只要交了保证金就能提现了。当然，交了保证金，还要交税金，还有账户被冻结需交钱解冻等套路。如果受害人实在没钱了，“恋人”还会助攻一把，帮忙充值一部分，让受害人深受感动，同时向受害人施压：“我都帮你充值了，你不想办法提现的话，我的钱也打水漂了”，进一步逼迫受害人想方设法筹钱充值。当然，骗子从一开始就没打算让受害人提现，充值再多的钱也无济于事。最后必然是人财两空，赔了感情又赔钱。

防骗提醒

由于“杀猪盘”采取先谈感情再骗钱的方式进行诈骗，所以感情空虚的人往往更容易被骗，如大龄单身男女青年、单亲妈妈、夫妻双方感情不和的一方等。

清楚了“杀猪盘”诈骗的套路，防骗就变得容易了。网络毕竟是虚拟世界，图片、音频、视频、定位等都可以伪造。所以，网恋一定要多方核实对方身份。随着技术的发展，即使对方愿意和你视频，也有可能是骗子。现在的化妆、滤镜、声音合成技术，甚至人皮面具，完全可以达到以假乱真的目的。对于网络上嘘寒问暖的人，不论是图感情、图钱，或者其他，一定有所图。如果网恋加上投资或者借钱，就一定要想清楚对方是不是骗子了。

要知道，钱不是大风刮来的，没那么好赚。我们常说，投资收益超过10%的，就要做好损失全部本金的准备。如果有某个投资平台称轻轻松松就能赚30%、翻倍甚至更多，那么它一定是冲着我们的本金来的。如果自己不能确定，可以到当地公安机关咨询。如果发现被骗，要马上到最近的公安机关报案。

知识点

什么是“跑分”洗钱？

“跑分”洗钱，是指利用银行卡、支付账户帮助赌博、诈骗等犯罪团伙掩饰、隐瞒、转化资金，使其在形式上合法化的一种犯罪行为，可能触犯帮助信息网络犯罪活动罪或者洗钱罪。为了诱骗他人帮助“跑分”洗钱，犯罪分子通常会将其谎称为“过账”“兼职”，使一些不明就里的人无意间成为犯罪分子的帮凶。

四、裸聊诈骗

典型案例

29 岁的临安小伙小方在一家电商公司上班，平时喜欢用一款名为“blued”的交友软件进行聊天交友。2021 年 11 月 20 日晚，小方像往常一样刷着“blued”，突然一个昵称为“彬彬”的异性加他好友。通过好友申请后，两人便你一言我一语地开始聊天。“彬彬”自称是一名网络主播，平时爱好运动，并发了几张自己的生活照给小方。照片里的“彬彬”容貌靓丽、身材窈窕，深深吸引着小方。

后来，小方加了“彬彬”的 QQ，想进一步深入了解。“彬彬”通过 QQ 发给小方一个网址和直播房间号，让小方输入手机号和直播房间号即可观看她的直播。小方试了几次，发现观看不了直播，“彬彬”说可能是系统正在维护。小方也没有在意，双方继续聊天。从工作聊到生活，“彬彬”关怀着小方，让小方感受到从未有过的温暖。当双方聊得火热时，“彬彬”突然提出通过视频认识一下，增进彼此感情。小方从起初的羞涩，到彻底放飞自我，与“彬彬”进行裸聊。

几分钟后，“彬彬”突然挂断了视频，随后发来几个文件，里面包含小方手机里的通讯录和裸聊视频录像，态度一转恶狠狠地说：“通讯录看清楚了吧，我们也就图点小钱，不转钱就把你光溜溜的视频和照片一个个发给你的父母和亲朋好友。”突如其来的变脸犹如晴天霹雳，为了不让自己“裸聊”的照片和视频被亲友发现，小方只能按照对方的要求把钱转入对方账户。不一会儿，小方就将自己全部积蓄10万元都转给了对方，可是对方依旧不依不饶，要求他继续转账。小方只好从多个小额借贷软件借款40余万元转入对方账户。从22时到次日上午10点，短短12个小时，小方损失了50万元，才去报警。

骗术揭秘

俗话说，男追女隔层山，女追男隔层纱。所以，裸聊诈骗针对男性的较多，针对女性的则相对少一些。诈骗分子会在各大社交平台注册账号，利用网上下载的美女图片，伪造一个美女形象。

第一步，寻找作案目标。“美女”在这方面有天然的优势，只需要主动出击，见人就打招呼，求添加好友。大多数男性，见到有美女添加自己的时候，都会通过好友申请。

第二步，获取受害人的手机通讯录。很多受害人都很疑惑，诈骗分子是如何获得自己的通讯录信息的呢？这个其实非常简单，诈骗分子的利器就是木马。上面提到的案例中，“彬彬”给了小方一个网址链接，让他点击链接去看她的直播，但是小方怎么操作都看不了，最后不了了之。其实，“彬彬”的真实目的根本不是让小方看直播，直播只不过是个幌子，而是要小方点击网址的链接，因为点击了这个链接就会下载一个木马，正是这个木马盗取了小方的通讯录。安装木马的时候，手机会提示风险，但是诈骗分子会以私密直播、系统误报等为由让受害人忽略，最终导致通讯录泄露。

第三步，引诱受害人视频裸聊。诈骗分子都有具体的话术，会根据受害人的情况采取不同的策略。如果之前聊天过程中受害人比较开放，就会直截了当地邀请对方。如果受害人比较传统，可能会先邀请其视频通话，然后在视频的时候先“脱”为敬，撒娇说“人家女孩子都脱了，你还不脱吗？”大多数受害人到了这一步，为了展现男性的“绅士风度”，都会脱了。但是，你以为人家脱了，其实诈骗分子不过是利用技术手段在播一段黄色视频而已，因为从事裸聊诈骗的一般都是糙汉子，即使有女诈骗分子，她也不会自己抛头露面脱给你看啊，这不留下证据了吗？

第四步，截取受害人裸聊的视频和图片后立即关掉视频，然后将视频、图片和受害人的通讯录发送给受害人。如果受害人始终不脱，不露出隐私部位，也不影响，只要露脸了就行。诈骗分子会运用视频合成技术将受害人的人脸和他人的隐私视频合成，同样发给受害人。这个时候，诈骗分子也不伪装了，直截了当地说：“兄弟，我们也就图点小钱，只要你给钱就删除视频，不给就一个一个发给通讯录上你的父母、领导、朋友，让他们欣赏一下。”这个时候，受害人都会很慌张，这种视频一旦被发送出去，自己一下子就做人都抬不起头来。诈骗分子威胁的同时，也会承诺“诚信经营”，给钱就删。于是，一些受害人无奈之下只得转账给诈骗分子。

第五步，继续威胁，反复索要钱款。转账一笔后，诈骗分子假惺惺发来删除视频文件的视频，你以为事情到此为止了。但是，诈骗分子话锋一转，又会提出删除通讯录、删除备份信息、封口费、删除聊天记录、号码回收费用、支付保证金、安抚裸聊小妹，甚至是“熬夜加班费”等多种理由连续勒索。索要 18888 元、28888 元、38888 元……把受害人的隐私切割成若干份，再分次讹钱。将受害人钱包掏空后，诈骗分子还会想方设法逼他开通网贷，继续勒索钱财。

防骗提醒

据报道，疫情期间，裸聊敲诈案同比增加十几倍，90%以上的被害人为 20 岁至 40 岁的男性，平均每人损失 2.3 万元，最高损失 40 万元。腾讯 110 统计，每个月接到数千起裸聊诈骗报警，受害人上至 60 岁退休老人，下至初中生，年龄段全覆盖，涉案金额从数万元到数百万元不等。① 从上网习惯来看，经常使用微信“摇一摇”“附近的人”，以及热衷“陌陌”“探探”等聊天交友软件的人，更容易被盯上。

---

① 《曝光！网络“仙人跳”案件暴增 10 倍》，载搜狐网，https：//www.sohu.com/a/543464884_121124774。

从职业上来看，无论是企业老板、政府职员，还是金融白领、待业青年，每一个群体都有很多受害人。工作越体面，损失金额越大。受害人如果是一个生活条件普通的宅男，骗子勒索一两万元可能就能封顶；如果是家境不错的人，那就是持续性的勒索；如果是管理层、高知高干，对名誉看得非常重要，那么骗子更不会善罢甘休！

诈骗诈的就是人性，在这方面，裸聊诈骗更是演绎到了极致。一个人有多猎奇，就有多害怕被人看到自己最隐秘的一面。当他最“难以启齿”的一面，被人抓在手心，一下子就会方寸大乱，满脑子想的都是：绝不能让视频被亲友看到。而此种想法正中诈骗分子的下怀。他们往往选择破财消灾，而不是报警，殊不知这样会陷入更深的泥沼。敲诈勒索只有0次和N次的区别。

防范裸聊诈骗的第一要义，就是要洁身自好，不要浏览色情信息，不要试图寻找刺激，以免掉入犯罪分子的“桃色陷阱。”另外，切记不要随意点击陌生链接，扫描陌生二维码下载安装陌生软件，特别是当手机提示风险时，一定不要轻易安装不熟悉的软件。最后，如果遭遇裸聊诈骗，一定不要转钱，立即报警。

知识点

裸聊敲诈的视频会发出去吗？

遭遇裸聊敲诈，受害人最关心的就是视频会不会真的发出去。实践中，几乎没有真正把视频发出去的。诈骗分子说的没错，他们图的就是钱，最怕的就是受害人和他人商量，一商量基本都不会付钱了。如果把视频发给受害人的亲友，特别是父母，亲友肯定会对受害人进行劝阻，而且既然视频已经发出去了，受害人也可能破罐子破摔，就不可能敲诈到钱了。所以，诈骗分子基本不会真的把裸聊视频发出去。

五、直播打赏诈骗

典型案例

林先生在交友软件上认识了一个叫“雨晴”的女网友，两人很快发展成了男女朋友关系。交往中，林先生得知女友“雨晴”的本职工作是一名幼教，晚上兼职做主播。林先生自然要在女友直播时去捧场。没想到在之后的一次直播中，“雨晴”突然难过地痛哭起来。林先生这才得知女友身体不好，但公司有强制直播任务，只要礼物达标，她就可以提前下班休息。

林先生没有多想，便将自己的积蓄充入了直播平台，给女友打赏礼物，帮女友完成了任务。“雨晴”表示，平台结算时自己能拿到70%到75%的分红，等收到后会第一时间还钱，让林先生不用担心。之后的每一次直播，“雨晴”都以冲榜为由，要求林先生借钱刷礼物。在透支了30余万元后，林先生实在拿不出钱了。没想到，女友“雨晴”却彻底拉黑了他。

骗术揭秘

在直播打赏骗局中，一般是女主播在前台直播，背后却是男运营冒充女主播和粉丝聊天拉近距离，一口一个“亲爱的”“老公”，制造温柔陷阱，用各种套路让粉丝充钱打赏。一旦粉丝怀疑，就让女主播和粉丝视频通话打消疑虑。常见的套路有以下几种：

1. 以平台开展活动为由，声称礼物榜单排名第一的粉丝可以获得和主播免费双人游的机会；

2. 主动与其他主播比赛，一旦输掉比赛将面临惩罚，请求粉丝帮忙支持；

3. 使用其他虚构的账号在直播间辱骂、挑衅主播，激起受害人的保护欲；

4. 虚构生病等身体不适的情况，营造带病直播的虚弱场面，声称完成任务才能下班，以此获取受害人同情，甚至提出完成任务量便和公司解约，与受害人结婚；

5. 在情人节、生日等特殊节日，要求受害人以刷礼物的形式进行庆祝；

6. 对其他账号进行包装，利用平台资源将该账号打造成受害人的“竞争对手”，使其永远无法成为粉丝榜单上的第一名，以此激发斗志。

待到粉丝被榨干，拿不出钱来打赏了，主播就渐渐对其冷落，甚至直接拉黑、消失。

防骗提醒

当看直播打赏成为一种习惯，享受作为榜首大哥被美女青睐的快感时，有多少人陷入其中不能自拔。近年来，为打赏女主播挪用公款、诈骗的报道屡屡见诸报端。比如，“常州溧阳公安微警务”微信公众号报道一起案例，一男子为了打赏女主播，竟然盗窃 20 余万元。

空闲之时看看直播可以作为一种娱乐和放松，偶尔量力而为地打赏并非不可。但是，靠金钱打赏赢得的“爱情”，必定随着金钱的散去而消失。直播的是美女，与你聊天的却有可能是糙大汉，一口一个“亲爱的”“老公”，不过是为了你口袋里的钱。我们一定要理性观看直播，切勿掉入诈骗分子的“温柔陷阱”，最后人财两空。

知识点

网友视频过就一定是真的吗？

以前我们提到网络交友，检验对方是不是诈骗的方式就是和对方视频。但是，随着网络技术的发展，这种检验方式已经开始失效。美颜、滤镜、化妆都可以达到改变一个人容貌的效果。音频合成技术也可以实现变声，不管是男声变女声，还是女声变男声。人皮面具和假发可以让人完全变成另一个人。实在不行，找一个人代为进行视频也是有可能的。所以，视频不是检验网络交友真伪的唯一标准，还需综合其他手段辨明真伪。

延伸阅读

网络黑灰产

网络黑灰产，指的是电信诈骗、钓鱼网站、木马病毒、黑客勒索等利用网络开展违法犯罪活动的行为。稍有不同的是，“黑产”指的是直接触犯国家法律的网络犯罪，“灰产”则是游走在法律的边缘，往往为“黑产”提供辅助的争议行为。网络黑灰产，是这些散发的或系统性发生的基于互联网、移动互联网的不良行为，如删帖、黑粉、人肉搜索、网骂、网络攻击、网络诈骗、刷单、洗白、窃听、监控、涨粉、炒作等，均属于违法、犯罪行为，均游离于公序良俗、道德、法治之外，均以不正当、违法犯罪的手段谋取人民群众的合法权益，侵害社会的安定与和谐。

一棵树，它深埋于地底下的根系，远比地面上的部分大。如果说电信网络诈骗是一棵树，那么网络黑灰产就是它地底下盘根错节的根系，是电信网络诈骗赖以存活的养分。千万不要小看电信网络诈骗，你以为它只是对照着话术本打打电话要你转账那么简单，而实际上，一次成功的诈骗背后需要完成很多准备工作。首先，诈骗分子要拿到受害人的个人信息，打电话的时候报出对方的名字，才有机会获取对方的信任。其次，诈骗过程中提供的虚假的证件号、转账截图等都是要提前准备的。一个诈骗群里有几十个“托”，每一个都需要注册或者购买账号。辅助诈骗的钓鱼网站、APP 都要有人开发、维护。最后，要有大量的银行卡用于收款，在几分钟甚至几秒内将钱迅速转移并且提现，还需要一个训练有素的系统。而这些，都是由一个庞大的网络黑灰产系统在运作、支撑着的。只有理解了电信网络诈骗背后的网络黑灰产，才可以说真正地理解了电信网络诈骗，也才能更好地防范电信网络诈骗。

根据在网络犯罪中起到的具体作用，当前网络黑灰产大致可以分为物料供应、技术支持、广告推广、支付结算四个环节。

（1）物料供应环节，为网络犯罪提供公民个人信息、黑卡、黑号、账户、证件、图片、视频等物料供应。以最常见的贩卖公民个人信息为例，“暗网”中各地村干部、企业老板、住宿信息、学籍信息等都是明码标价，越新的信息越值钱。境外新兴社交软件 Telegram 已经成为网络黑灰产交易的集散地。另外，专门售卖银行卡“四件套”的、专门为诈骗团伙“养号”（注册各种社交平台账号并长期养号，后卖给诈骗团伙实施诈骗）的、专门搜集他人图片视频卖给“养号”团伙使用的，领域划分越来越细，职业化、专业化水平也越来越高。

（2）技术支持环节，为网络犯罪提供木马病毒、APP 制作、网站开发、网络运营、通信服务、技术外包、技术传授、平台分发等各类技术支持。有的技术支持环节的网络黑灰产从业人员甚至是 985、211 高校计算机相关专业的高端技术人才。2020 年 12 月，公安机关打掉一个为境外诈骗集团开发和制作非法 APP 的犯罪团伙，3 名犯罪嫌疑人竟然是国内顶级重点大学计算机系的研究生，技术实力处于行业第一梯队。他们通过基础源代码，可以分裂出多个投资诈骗类 APP，甚至可以做到骗完一人即抛弃整个 APP！

（3）广告推广环节，通过搜索引擎、短信、网络电话、街头二维码、网页弹窗、手机推送、会销、人链等广告推广形式、渠道，为网络犯罪推广引流。利用网络进行诈骗，推广引流是非常重要的一个环节，有越多的人看到诈骗信息，就会有越多的人被骗。很多时候，推广引流已经从电信网络诈骗集团中独立出来，成为一个单独的部门，实现了“专业的人做专业的事”。2020 年年底，广州白云区公安分局打掉一个专门为投资理财诈骗团伙引流的犯罪团伙。犯罪分子冒充证券公司或者股票软件客服，利用AI客服电话，拨打随机生成的电话号码，广撒网式地联系群众，引诱其添加引流分子的微信，再将其拉入所谓的内部交流群，最后将群主转让给境外诈骗团伙，按群内股民人数收取费用，每引流一个人150元。

（4）支付结算环节，通过非法第四方支付、跑分、洗钱等平台，帮助网络犯罪完成赃款转移、变现任务。2022年4月，公安机关破获一起帮助电信网络诈骗团伙“跑分”洗钱的案件中，抓获的28名犯罪嫌疑人竟然都是某职业学校的同班同学。这些同学之间相互邀约，将自己的银行卡借出，按3%—4%的比例，从通过银行卡过账的流水中提成。“跑分”洗钱的模式也在不断更新，更多趋向于平台化和远程操控，从而达到使犯罪团伙的首脑“隐身”的目的，而提供银行卡和支付账号的“卡主”们，承担了几乎全部的法律责任。但是，在利益诱惑下，仍有不少人铤而走险，不断为电信网络诈骗团伙提供“跑分”洗钱服务，完成了电信网络诈骗最后的闭环。

正是这些网络黑灰产，支撑起了电信网络诈骗违法犯罪活动。理解了这些，就能深刻理解电信网络诈骗背后的逻辑和发展脉络。在网络世界中，我们一定要擦亮双眼、洁身自好、拒绝诱惑，不参与网络黑灰产违法犯罪，避免掉入犯罪分子的陷阱，成为犯罪团伙的帮凶。

第四章　虚假消费类诈骗

一、虚假购物诈骗

典型案例

2020 年 1 月底、2 月初，程某豪在新冠肺炎疫情蔓延、大量需要口罩之际，谎称自己有大量口罩出售，通过微信朋友圈等网络手段发布口罩售卖虚假广告，骗取他人下单购买，在通过手机微信、支付宝收取钱款后，发送虚假快递单号给被骗人，以拖延时间，并将诈骗所得部分赃款用于个人消费及偿还债务，程某豪个人诈骗 65 万余元。

2 月 7 日，徐某经王某秋介绍认识程某豪，并与程某豪、钟某富合谋，由徐某使用微信伪装成口罩生产厂家工作人员，负责收钱管账，程某豪、钟某富负责寻找客户推荐给徐某，以此骗取他人信任购买口罩，三人事先约定诈骗所得钱财平分。

2 月 8 日，在收到被骗人用于购买口罩的货款后，程某豪、钟某富、徐某将 11 万元赃款瓜分，并将其中 5000 元分给王某秋，剩余近 40 万元赃款存放在徐某支付宝及微信中，共同诈骗 50 万余元。

骗术揭秘

诈骗分子通过网络下载图片，在网上发布出售口罩、手机、电脑等商品的虚假广告，以低价、紧俏为诱饵，诱使他人前来购买。他人有意购买时，以定金、货款等形式，要求受害人直接通过微信、支付宝或者银行卡转账，没有第三方平台担保。待受害人付款后，拖延不发货、发送虚假快递单号、空包或者以假冒伪劣商品代替，最后拉黑、消失。

防骗提醒

首先，对网络上的人和事物保持警惕，持怀疑态度，没有核实都不能轻信。其次，不要购买网络上没有平台担保的商品，更不要在没有任何保障的前提下直接把钱转给陌生人。如果确有必要购买，可引导至有第三方监管的平台交易，交易金额较大的情况下，最好当面交易。最后，一分钱一分货，对明显超乎平常的低价商品，要么是商品有问题，要么是骗局，千万不要贪小便宜。

知识点

什么是第三方监管的交易平台？

网上买东西，最害怕的就是付了钱对方不发货，或者发了货对方不付钱，又或者买的东西不称心，如果买卖双方直接交易，这些问题就无法解决。假设有个中间人担保，买方把钱交给中间人，卖方把货发给买方，如果买方满意，就告诉中间人，中间人则把钱给到卖方。否则，买方退货，中间人退钱。这样，一笔交易就完成了，双方都得到了保障。这个中间人就是引入的第三方，淘宝、京东、拼多多等电商平台就是这种第三方监管的交易平台。

二、虚假招嫖诈骗

典型案例

2022年1月3日18时许，徐某在家中玩手机时，看见网上的招嫖广告，后点击链接下载“燕尔”APP。APP客服称网上招嫖需充值188元开通VIP。徐某开通后，对方称升级为铂金会员可享受12小时免费上门服务。升级以刷单的方式进行，需要完成5单用于升级会员。徐某向对方提供的银行账户转账，前三单共转账1450元人民币，赚了304元佣金。后两单，“客服”称需同时转账（第一笔为2800元，第二笔为1100元），故徐某向对方提供的银行账号转账3900元。

转账完成后，徐某被告知需要添加另一名客服才能继续完成刷单。添加好友后，对方以未按要求下单、账号被冻结、需要购买修复方案解冻账号为由，诱骗徐某向对方提供的银行账户转账三次共计36000元。本案中，徐某被骗40088元人民币。

骗术揭秘

传统的招嫖诈骗中，诈骗分子通过散发黄色小卡片或者网络方式物色受害人，一旦受害人想要找“小姐”，就要求支付定金、保证金、体检费、道具费等，诱骗受害人转账。通常，诈骗分子还会通过虚假定位软件修改位置信息，假称已经到了受害人楼下，既可以获取受害人的信任，也可以让受害人产生急不可耐的心理，从而不假思索进行转账。当前许多诈骗分子又在传统招嫖诈骗的基础上进行了创新，结合了当前流行的退款诈骗的形式，以退款要先交保证金、转账备注错误、转账超时等理由要求多次转账实施诈骗。

上述案例是当下最流行的招嫖诈骗方式，也可以归类为刷单诈骗，因为其又是以做任务的方式诈骗钱财的。

诈骗分子先通过多种途径发布虚假招嫖广告，以“交友”或者低价招嫖引诱受害人。以往我们常见的宾馆小卡片正在被诈骗分子用来实施招嫖诈骗，而且由于诈骗比招嫖更赚钱，诈骗分子不仅仅在宾馆发这种卡片，更是直接往大马路上撒。黄色网站、短视频、直播、交友平台等都是他们打广告的地方。

受害人点击短信链接或者扫描招嫖广告上的二维码添加好友后，就会下载一个用于“交友”的APP。在这款APP上可以选择附近的美女“交友”，但是前提是必须完成APP里的任务，美其名曰为APP的赞助商完成任务。这个赞助商通常是一家博彩公司，于是受害人需要完成APP上的几单博彩任务，同时还会有收益，诱导受害人进行虚假博彩。和刷单诈骗一样，开始几单让受害人获得蝇头小利，并且“客服”会故意提醒受害人试一试提现。提现成功后，再诱使受害人不断加大资金投入，待其投入大额资金之后无法提现，再抓住受害人不舍得已投入资金的心理，以提现需交保证金、提现账户被冻结需解冻等理由要求受害人转账，直到骗局穿帮。

防骗提醒

网络招嫖交保证金、体检费、道具费等各种费用的，就是诈骗。做几个任务既能赚钱，还能“交友”（招嫖），天下哪有这种好事。“色”也是诈骗分子引流从而实施诈骗的一个重要方面。大家平时一定要洁身自好，远离“黄赌毒”。一旦被骗，遭受了财产损失，也不要妄想诈骗分子会把钱退回来，一定要及时止损、报警。

知识点

卖淫嫖娼如何处罚?

卖淫嫖娼触犯《治安管理处罚法》，该法第六十六条第一款规定，卖淫、嫖娼的，处十日以上十五日以下拘留，可以并处5000元以下罚款；情节较轻的，处五日以下拘留或者500元以下罚款。

三、海外代购诈骗

典型案例

阿芳在网上认识了一个“英国留学生”，对方在微信朋友圈发布各种代购海外奢侈品信息。阿芳前后向其购买了价值近万元的各类商品，都如约收到了货。之后，阿芳又和同学陆续向其打款10万余元，委托其从海外购买化妆品、护肤品、香水等商品。

然而这一次，阿芳和同学却迟迟没有等到这名“英国留学生”将货物从国外带回来。阿芳多次催问，对方一开始说要等12月发货，后来又说要等打折时再买，或者货被海关扣押，也不愿意退款。阿芳忍无可忍，只能报警求助。后经警方查实，这名“英国留学生”叫陈某，从无海外留学经历，也没到过英国，其最初发给阿芳的商品都是其从网上购买来的。诈骗所得钱款也已被其挥霍一空。

骗术揭秘

海外代购类诈骗手段的流程一般是这样的。首先，打造一个海外留学生的人设，从网上下载国外景点的图片，发到自己的微信朋友圈，甚至利用虚假定位软件修改定位，营造一种正在国外的假象。然后，在微信朋友圈等社交平台上广发代购信息，以网上下载的精美图片、视频和低价、较大折扣为诱饵，刺激受害人的购买欲望。为了进一步迷惑受害人，诈骗分子还会利用营销软件制作虚假聊天截图、虚假发票等，营造商品是正品且非常紧俏的氛围，让受害人来不及多加思索就赶紧转账抢购。最后，在受害人付款后，诈骗分子迟迟不发货、拉黑、删除，甚至消失不见。

一些诈骗分子，在开始时会在其他海外代购平台购买真正的商品进行交付，以此获得受害人的信任。在此基础上，一些诈骗分子还会以货物被海关扣留为名，进一步实施诈骗。此时，诈骗分子会虚构一个海关工作人员的身份，以需要开箱查验费、补缴税款、保证金等理由，要求受害人向指定账户转账。为了更具真实性，诈骗分子甚至会制作一个假冒海关的钓鱼网站，让受害人点击链接到网站上查询自己的“货物”信息，同时在网站上展示一些与走私商品有关的法律条文，对受害人进行恐吓，让受害人乖乖交钱。当前一些海外代购诈骗，还与时俱进加入了退款诈骗的新元素，在受害人要求退款时，再次以需交保证金、解冻费等为由实施二次诈骗。

防骗提醒

1. 选择海外代购时要擦亮眼睛，不要贪小便宜，要选择淘宝、京东等有支付保障的正规网购平台购买，这样付款后钱不会直接付给卖家，而是等买家收到货后才会付款给卖家。或者选择可以货到付款的卖家，这样就可以防止对方收钱之后不发货。

2. 如果遇到商家发二维码要求扫码付款或者转账到银行卡的，特别是转账的对方账户显示为个人的，钱付出去之后就没有任何保障了，则很有可能是骗子。

3. 让你交钱才能退款的，绝对是骗子无疑。不要犹豫，马上报警！

知识点

网络定位可以造假吗？

网络定位是可以造假的。网络上有一些虚拟定位软件，可以修改定位。网络招嫖诈骗中，诈骗分子正是将定位修改至受害人的楼下，让受害人以为“小姐”就在楼下。很多做“海外”生意的，也会用虚拟定位发送朋友圈，将自己定位到国外，实际上人却在国内。网络虚虚实实，不可太当真。

四、冒充军警、消防采购诈骗

典型案例

2021年9月，江西赣州大余县的黄先生接到电话，对方自称是大余县消防救援大队“张队长”，称消防队有需要浇水泥的工程及演习需要采购的帐篷，让其承包工程、代购帐篷，到时候工程款及垫付款一起结，同时告知供货商的手机号码，让其到指定供货商采购帐篷。黄先生信以为真，电话联系“帐篷供货商”采购帐篷，对方称需先付定金。其间，“张队长”来电追加采购数量。黄先生分四次向“帐篷供货商”提供的不同银行账户转账汇款，共支付定金53200元。之后，“张队长”和“帐篷供货商”的电话均无法接通，黄先生赶到大余县消防救援大队发现并无“张队长”此人，更无浇水泥、采购帐篷一事，这才发觉被诈骗，遂报警。

骗术揭秘

诈骗分子事先通过非法渠道掌握了一些经商人员的身份信息及联系方式，然后假冒军队、警察或消防的采购人员（如参谋、队长等）实施诈骗。在这其中有一个细节，诈骗分子一般不会直接打电话进行诈骗，而是会拐一个弯。这个弯虽然简单，却充分利用了人的心理活动。诈骗分子通常会先打电话给一名潜在受害人A，冒充军警、消防采购人员假称要采购一批物资，询问A有没有，如果A上当就直接实施诈骗。如果A说没有，则让其帮忙介绍一个可以接单的人。这个时候，A将这单业务介绍给B，就变成熟人介绍了。在没有详细了解的情况下，B一般会认为这个要采购物资的“参谋”或“队长”是A认识的熟人，无形中增加了信任值。

诈骗分子先假称单位有装修工程或者部队拉练要订餐等，并且给出工程造价和订餐明细等内容，给受害人画一个这单能赚不少钱的大饼。然后又称需要同时采购行军床、帐篷、防爆服等物资，要求受害人帮忙采购，钱款一并付清，并且把指定供应商的联系电话给受害人。受害人联系供应商时，另一人冒充供应商，要求先付定金或者货款。当受害人上当受骗，将定金或者货款转到诈骗分子账户后，诈骗分子还会追加诈骗。采购人员会再次打电话来追加采购物资，以便诈骗到更多的钱财。

防骗提醒

军警、消防采购物资会履行严格的书面程序，签订合同，不会仅通过电话进行采购，更不会让商家垫付。切莫相信这种空对空的电话联系和汇款转账方式。

遇到类似情况时需要提高警惕，若商家或群众接到类似部队、消防部门打电话采购物资要求垫资的，应该提高警惕。首先要核实其身份真伪，交易中如无法核实对方提供的供货厂商是否正规时，要立即终止交易，谨防上当受骗。

知识点

网上如何识别真假警察？

第一，看警服配备是否齐全。警服必须配备警衔、警号、胸徽、臂章四种警用标志，缺少任何一种都不是真警察。第二，查看警官证。警官证正面印有持证人的姓名、照片、所在公安机关名称和警号，背面印有持证人姓名、性别、出生年月、血型、职务、警衔、有效期等，要注意看有无 PS 的痕迹。第三，看办案是否符合流程。通常警察办案要求 2 人以上，很少有单人办案的情况。第四，拨打 110 电话确认。可以询问对方姓名、警号和公安机关名称，在 110 前面加上对方所在地的区号，即可拨打当地公安机关电话，查询姓名和警号是否相符。

五、卖茶女诈骗

典型案例

2019 年 8 月，江苏省江阴市的一位男子杨某微信上收到了一条添加好友的请求，就这样无意中，他添加了一位清纯可爱的“卖茶小妹”为好友。这位“卖茶小妹”称自己家有一片茶园，有一个辛劳一辈子的炒茶爷爷。爷爷炒了一辈子茶，卖了一辈子茶，四处奔波，累到生病住院了。这位“卖茶小妹”开始帮爷爷卖茶，“卖茶小妹”的孝顺感动到了杨某，加上“卖茶小妹”这张清纯可人的照片，于是，杨某豪掷2万元买下10斤茶叶。可是钱刚转出去，“卖茶小妹”就删除了杨某的微信。

骗术揭秘

这些“卖茶女”之所以屡屡得手，将很多人骗得团团转，是因为他们抓住了受害人同情、孤独心理的同时，还有一个明确的分工，业务员也有一套完整的“剧本”。剧本里充斥着关于如何进行聊天诈骗的“教程”，“剧本”里的话术，都经过犯罪团伙反复琢磨，形成了一套完整的体系，无论网友说什么，骗子们都可以游刃有余地进行回复，这就是所谓的“套路剧本”。“套路剧本”很简单，通常来说分为四步。

第一步：以多种途径主动添加好友

骗子通过非法渠道搜集、购买一批联系方式，用事先打造好的“卖茶女”微信号（头像一定是美女）逐一添加好友。在添加好友时有时候会用到一个细节：先把对方的手机号码存到手机联系人里面，再搜索添加，对方的添加好友请求里会显示为“通过联系人添加”。这样做的目的是让目标对象产生一种错觉，以为这是自己的某位好友，一看又是美女的头像，自然而然就通过申请了。成功添加好友后，“卖茶女”便会佯装“输错了账号”“不小心加错了好友”，随后以“不小心加错，也可以当朋友”为借口开始聊天，并且特意强调这是“缘分”。

第二步：朋友圈展示，开始初步聊天预热

“卖茶女”通常会费心经营自己的朋友圈，她们的朋友圈里都是“岁月静好”的心灵鸡汤和盗用的“美女图片”。她们会提前预热，告诉对方家里有茶园，爷爷（外公）在家乡打理茶园等，还会时不时发几张自己在茶园的美照给对方从而吊吊对方的胃口。同时，她们还会通过“群发消息”的方式“广撒网”，当受害人翻看着“卖茶女”的朋友圈时，不自觉地被“美女”的生活所吸引，与此同时又收到“美女”发来的问候消息，禁不住心生好感、春心荡漾时，就离骗子们的“鱼钩”不远了。

第三步：深入交流后，实施诈骗套路

随后，“卖茶女”就会回到家乡去帮忙打理茶园，还会发来和爷爷（外公）的合照、自己亲手炒茶的小视频等，让人感觉非常真实。在网上聊得火热后，“卖茶女”便会开始倾诉衷肠，她的家庭会开始出现一些变故：外公病重、被男友抛弃、茶叶滞销等。她开始寻求受害人的帮助——买她的茶叶。如果受害人陷得很深，她还会以开茶庄、冲业绩等各种名义向受害人借钱。总而言之，骗子们精心伪装，营造出“凄惨”的身世，想方设法地博取同情，伺机要钱。

第四步：诈骗分子失联

当受害人被“卖茶女”的套路蛊惑，转了钱后，通常并不会收到茶叶，或是转了一大笔钱收到的却是品质很差的茶叶。这时，就算受害人意识到被骗，想要联系“卖茶女”讨个说法，人家却早已拉黑好友、消失不见了。

防骗提醒

“卖茶女”的套路看上去简单，背后却是一整个犯罪团伙缜密的布局、精心的设计，杀伤力非常大。一些受害人直到被骗，都不知道这些“女孩”的背后，可能只是一个盯住你钱包的“抠脚大汉”。

虚拟的网络世界充斥着各种各样的骗局，诈骗团队远不止编造“卖茶女”这一个故事，相似的套路也出现在“虫草姑娘”“乡村教师”“工艺品美眉”等骗局中。虽然这些骗子们捏造的身份职业不同，但都是一群温柔貌美的年轻姑娘，个个善良却又命途多舛，通过讲述自己帮爷爷卖茶叶、帮奶奶卖虫草、教村里的孩子读书等经历来博取网友的同情。她们的故事令人动容，每天的嘘寒问暖、贴心陪聊，三言两语间，就能骗得人头昏脑涨，心甘情愿地为她们“掏钱”。

诈骗团伙屡屡得逞，正是抓住了不少男士的心理：“面对美女求助，必须伸出援手。”再次提醒广大网友，不要随意通过陌生人的好友申请，异常热情的“陌生人”，多半是盯上了你的钱包；不要轻易在社交平台上与他人进行金钱交易，若需要向他人购买商品，请尽可能通过有保障的平台进行交易，不要直接向他人转账。

知识点

什么是 PUA?

PUA，全称“Pick-up Artist”，原意是指“搭讪艺术家”，指男性接受系统化学习、实践并不断更新提升、自我完善情商的行为，后来泛指很会吸引异性、让异性着迷的行为。当 PUA 与网络结合，加速了它的传播，关于 PUA 的教学课程随处可见，收费几千元到上万元不等，也渐渐被犯罪分子利用，走上了罪恶的道路。PUA 渐渐成为“把妹”和玩弄感情的代名词，对异性实行精神打压和控制，从而在精神上绑架对方，令其百依百顺。网恋和“杀猪盘”诈骗话术中，就广泛运用了 PUA 技术，最后达到诈骗钱财的目的。甚至有的受害人发现被骗后，仍然深陷感情中难以自拔。

延伸阅读

为什么要安装“国家反诈中心”APP？

“国家反诈中心”APP，是由国家反诈中心指导、国家互联网应急中心开发的一款专门用于反电信网络诈骗的官方 APP。

这是最安全的一款反诈应用。众所周知，反诈的目的是保护大家的财产安全，而信息泄露是所有电信网络诈骗的源头。安装“国家反诈中心”APP 就无须担心信息泄露的问题，它采集的信息不会像其他商业 APP 一样用作商用，更不会和商业公司共享，也不太可能受到黑客攻击，泄露的风险相对小很多。

这是一款功能最齐全、最强大的反诈 APP。我们来看看它都有哪些功能。

第一个功能是“我要举报”。当接到诈骗电话、收到诈骗短信、发现钓鱼网站和涉诈 APP 时，都可以在“国家反诈中心”APP 上举报，举报后，后台工作人员收集分析，可以及时向遭遇同类诈骗的其他受害人预警。

第二个功能是“报案助手”。可以直接在“国家反诈中心”APP 上报案，还可以通过它查询案件办理进度。

第三个功能是“诈骗预警”。开启预警后，每当有陌生电话打进来、收到可疑短信、点击可疑链接、下载安装涉诈 APP 时，“国家反诈中心”APP 通过后台挖掘和对比数据，会智能识别涉诈风险，并给出预警提示。

第四个功能是“身份验真”。当我们对来电身份有所怀疑时，可以使用此功能，将电话号码输入“国家反诈中心”APP，查验对方的身份，看是否曾经有过涉诈行为。

第五个功能是“APP 自检”。用户可以对手机内安装的 APP 和安装包进行检查，看手机内是否有涉诈 APP 或者安装包。

第六个功能是“风险查询”。用户可以通过“国家反诈中心”APP 对对方的支付账号、IP 或网址、QQ 或微信进行安全查询，看是否有诈骗前科或者曾被人举报涉诈。

第七个功能是“反诈学习”。“国家反诈中心”APP 集成了各式各样最新的诈骗案例，每个骗局的具体流程都写得十分详细，为了尽可能还原骗局，还提供了骗子录音原声，让你“亲身体验”骗子是如何行骗的。只要坚持经常学习反诈知识，想被骗都难。

既然这款 APP 这么好用，那么如何下载安装呢？其实非常简单，具体下载安装方法如下：

1. 安卓、苹果手机均可在应用商店搜索“国家反诈中心”下载安装。

2. 也可扫描公安机关提供的 APP 二维码，识别后下载安装。

3. 安装 APP 后，选择您所在地区进行注册。

4. 注册成功登录后，点击“诈骗预警”“立即开启”，即可开启全方位诈骗预警。

需要特别注意的是，“国家反诈中心”APP 主要功能是提醒，并不会直接拦截诈骗电话、短信等。有人安装了“国家反诈中心”APP 后，还是接到诈骗电话，收到诈骗短信，便认为“国家反诈中心”APP 没用，于是就卸载了。也有的人手机内存不够，或者嫌“国家反诈中心”APP 耗电量太大，也把它卸载掉了。更有甚者，不顾“国家反诈中心”APP 的预警，反而听信诈骗分子的话，将“国家反诈中心”APP 卸载掉了，最后上当受骗导致财产损失。这样的案例已经发生多起。

所以，我们的手机一定要安装“国家反诈中心”APP，并且一定不要卸载它。

第五章　钓鱼类诈骗

一、ETC升级诈骗

典型案例

某日，刘先生正在家看新闻，手机突然传来短信提示音，上面写道："【ETC官方】重要通知，您的ETC处于禁用状态，请于10月20日前点开www.id×××.top解除，否则将影响出行。"刘先生想着自己的确好久没开车出行了，不免有些担心自己的ETC真的被官方禁用。

怀着要早点解决问题的想法，刘先生点击了短信中的网址链接，跟着提示一项项地输入身份证号、银行卡号及密码、手机号等个人信息。在填好个人信息后，刘先生收到了来自银行的本人操作确认验证码提示，但刘先生并未细想，直接将验证码填入网页中。在刘先生认为认证完成时，却接连收到了三笔999.99元的银行卡转账提醒，这才察觉自己被骗，立即报警求助。

骗术揭秘

ETC（Electronic Toll Collection System）即电子不停车收费，是指高速公路或桥梁自动收费。很多车主都在车上装有ETC设备，而每到节假日前后，出游人数暴涨，ETC升级诈骗短信也涌现出来。诈骗分子制作一个与官方网站仿真度极高的平台，冒充正规ETC渠道平台，让车主难辨真伪，然后通过短信附带钓鱼网站网址链接群发给广大车主。短信的抬头冒充"ETC中心""高速管理中心”“车管中心”“交管123”等官方名义，而短信内容则五花八门，诸如ETC过期认证、系统升级、失效激活、卡被停用、卡被冻结、扣费失败等等，要求点开链接办理，否则会影响出行。目的就是获取车主信任，诱骗车主点击短信中的钓鱼网站链接。

钓鱼网站的页面包含多个板块，但无论车主点击哪个，进入到的二级画面都须填写姓名、身份证号、银行卡号、支付密码等各类重要真实资料。而当诈骗分子拿到受害人的身份证号、银行卡号、支付密码时，就已经取得受害人的取款信息。最后也是最关键一步，就是受害人点击页面中的“付款验证码”并完成验证。前面提及的所有信息，都是被骗子用来绑定第三方支付的，而只有拿到受害人ETC账户关联银行卡的验证码，才能真正把钱转出。

防骗提醒

ETC账户根本不存在“过期”“失效”一说。ETC设备的有效期为10年，续期时根本无须操作银行账户。ETC设备失效激活、系统升级等，也无须操作银行账户。也就是说，ETC卡片到期或存在挂失重置情况时，ETC设备会被止付，此时车主要做的是更换卡片后通过ETC合作方途径再次录入新卡信息，即可重新使用。

在办理ETC业务时，应直接到银行进行办理，有疑问也可拨打银行官方热线电话，或去银行柜台办理。凡是收到关于ETC升级、激活等短信内容，不要点击短信里附带的网址链接，不要填写银行卡账号、密码、验证码等重要信息。收到可疑信息时，可拨打官网电话核实事由（不要拨打短信里预留的电话），在官方引导下进行处理。总之坚持一个原则：骗子冒充谁，你就去问真正的“谁”。

知识点

什么是伪基站？

我们都知道，我们的手机信号是通过移动、联通、电信三大运营商的基站发射出去的。伪基站又称为假基站，它启动时，会干扰和屏蔽一定范围内的运营商信号，并且将附近的手机信号劫持到伪基站上。这时候，伪基站就可以仿冒任意号码，向被劫持的手机发送钓鱼短信。伪基站范围有限，一般需要经常移动，因此经常装在车辆上四处游荡。伪基站启动之时，运营商的手机信号会突然消失，此时我们就要提高警惕，切莫中了诈骗短信的圈套。

二、机票退改签诈骗

典型案例

周女士在网上订购了一张机票。临飞前两天，周女士突然收到一条短信，内容是她预订的航班因机械故障被迫取消，要求周女士拨打专线电话改签或退票，且每位旅客有200元误机补偿。

周女士见短信内票务信息准确，便拨打了“客服专线”。接通后，对方告知周女士已经没有可以改签的机票，让周女士立即申请退款并领取200元误机补贴。

随后，周女士在对方的指导下，操作支付宝交纳了所谓的“流水证明”，并向对方提供了支付宝验证码。在一系列操作过后，周女士并未收到退款，却收到了支付宝转账8000元的交易提醒。周女士这才意识到自己被骗了，而她乘坐的航班根本没有取消，于是立马报警。

骗术揭秘

诈骗分子通过购买、黑客入侵等非法渠道非法获取乘客订票信息，然后给乘客群发航班取消的虚假短信，短信内带有钓鱼网站链接或者虚假“客服”电话。如果受害人上当，拨打了短信内的“客服”电话或者点击了其中的钓鱼网站链接，诈骗分子会冒充航空公司官方或者“客服”，在电话或网页上告知乘客因飞机故障、天气等原因导致航班取消，需要乘客进行退票或者改签操作。随后，“客服”会指导乘客在网页中填写相关退票或者改签信息，包括身份信息、银行卡号和密码等，同时乘客会收到所谓的“退款验证码”，其实是诈骗分子利用获知的乘客身份登录网银进行转账的验证码。当乘客把“退款验证码”填入网页之后，诈骗分子通过网页后台可以看到验证码，就可以直接把乘客银行卡中的钱转走了。这种诈骗方式也叫“盗刷”银行卡。

防骗提醒

如果收到航班取消的短信，一定要在第一时间拨打航空公司官方电话或通过购票网站进行核实确认，不要直接拨打短信中的电话。

切勿轻易点击陌生短信中的链接、二维码，不要轻易填写自己的个人身份信息、银行卡号和手机验证码。切记！我们的银行卡接收退款的时候只需要告知对方姓名和卡号就可以了，不需要提供银行密码和验证码。如果对方要求提供银行密码和验证码，则可以判定为诈骗。

知识点

GOIP 是什么设备？

GOIP（GSM Over Internet Protocol）是一种虚拟拨号设备，支持手机卡接入，能将传统电话信号转化为网络信号。一台 GOIP 设备可以插入 128 张手机卡，可以远程控制手机卡拨打电话，因此成为诈骗利器。如果接到国外打来的冒充公检法的诈骗电话，一般大家都不会相信。但是，诈骗分子躲藏在国外，可以通过 GOIP 设备控制国内的手机卡拨打诈骗电话，显示的拨号地在国内，很多人就上当受骗了。

三、医保、社保卡诈骗

典型案例

2022 年 3 月 9 日中午，李女士收到一条号码为“008210”开头的短信，短信内容为“【医疗保障局】您的医疗卡已停，请在 3

月9日前打开×××链接完善信息”。

当时，李女士并没有多想，立即点开链接，进入了“国家医疗保障局”网站。李女士在该网站输入了自己的身份信息（姓名、身份证号码）、银行卡信息（银行账号、账户余额和手机号码）后，李女士的手机收到了一条验证短信，她又把验证码填到了网页中，随即收到9999元的扣款短信。李女士这才意识到被骗，赶紧拨打110报警。

骗术揭秘

诈骗分子通过非法渠道购买、收集用户手机号码，冒充医保局、社保局，通过境外手机、伪基站等群发诈骗短信，假称用户“医保、社保卡已停用”“电子医保卡、社保卡即将停用”“审核未通过”等理由，要求用户点击短信里的链接更新信息或申领电子医保、社保卡等，否则将冻结、停用或者影响个人参保缴费、领取养老金等。

当受害人打开诈骗短信中的链接时，实际上打开的是一个仿冒国家医保局、社保局的虚假钓鱼网站，并收到更换医保、社保卡的弹窗通知，如“由于全国电子医保系统升级，请广大用户及时办理领取新版医保，未及时办理领取的用户，旧版医保将停止使用，给你带来的不便，请你谅解！”当受害人点击弹窗下方的“立即办理”按钮后，就会进入一个填写表单的页面，要求受害人填写个人姓名、身份证号码、银行卡账号、密码和银行卡绑定的手机号，最后还会要求输入手机收到的验证码，其实是转账或取款验证码。诈骗分子掌握了上述信息后，登录受害人网银进行消费、转账，造成受害人财产损失。

防骗提醒

国家医保、社保重要政策调整或实施均会在报纸、广播、电视、官方网站、微信公众号等正规渠道进行公告。政府机关网站域名均以 gov. cn 结尾，其他均属假冒。查询医保信息、办理医保业务，一定要认准官方渠道：国家医保服务平台官网（https：//fuwu. nhsa. gov. cn/）、国家社会保险公共服务平台（http：//si. 12333. gov. cn/）或参保地医疗保障部门官方网站、官方微信公众号。也可以拨打全国医疗保障部门公开服务热线 12393、社会保障部门公开服务热线 12333 或直接前往经办机构现场咨询、办理。

知识点

什么是黑帽 SEO？

SEO（Search Engine Optimization），即搜索引擎优化，是一种利用搜索引擎的规则提高网站在搜索引擎排名的多种方法的集合。SEO 有白帽 SEO 和黑帽 SEO 之分，白帽 SEO 遵循搜索引擎的规则，而黑帽 SEO 则是采用作弊的手法提升排名。诈骗分子为了让他们的钓鱼网站短期内能够大幅提升排名，经常会使用黑帽 SEO。所以，有时候我们搜索到排名靠前的网站并不一定就是官网，也有可能是利用黑帽 SEO 提升了排名的钓鱼网站。

正规医保局、社保局等单位发送的信息，不会附带任何不明网址，且推送短信不需要输入任何涉及个人信息、金融账号等私密信息。要时刻牢记，不要随便点击或拨打来历不明的链接和电话，接到有关医保卡、社保卡的语音电话或短信时，切记不能透露个人金融账户信息及身份信息，更不能按其提示进行转账汇款等操作。

四、中奖诈骗

典型案例

18 岁的小秦，平时喜欢抱着手机刷朋友圈。一天，他看到网友发朋友圈，称花 399 元买双鞋就有机会抽奖，奖品有高档手机、大红包等，百分之百中奖。心动的小秦联系对方消费了两笔 399 元，分别抽到了三等奖和一等奖，奖品都是一部手机，合起来价值 15000 元左右。

小秦兴奋不已，然而对方告诉小秦，称奖品还可以折现，但是需要交 2 笔 1200 元的凭证费才可以折现，凭证费事后会返还。小秦觉得自己稳赚不赔，于是按照对方的要求转账了两笔 1200 元给对方。然而，交完凭证费后，小秦却没有收到折现的奖品钱，便向对方提出退还凭证费。对方称小秦的银行账户被冻结，需要交纳 3066 元解冻金解冻，小秦又向对方转账 3066 元。转完账后，对方让小秦联系“领导”退钱。小秦马上联系了这位“领导”，谁知“领导”又说先要帮忙买礼品电子券才能退钱。小秦又在这位“领导”的指导下，购买了几张某平台面值1000元的电子券，并把每张电子券的密码都告诉了对方。直到小秦的母亲收到消费短信，才发现小秦被骗了。

骗术揭秘

诈骗分子通过短信、互联网广发中奖信息，通知消费者领奖。奖品都非常诱人，大到豪车洋房，小到手机、家电和现金。但是，领奖地点都不是在中奖者所在地，而是在距离消费者所在地较远的异地，消费者只能与抽奖组织者通过电话、微信等方式联系。为了让中奖信息显得更真实，诈骗分子会在中奖彩页上贴上“公证处工作人员”的照片、执业证号及对此次抽奖活动的公证声明等，有的还伪造“国家彩票管理中心”等所谓国家部门的公章。此外，还会有公司的公章、营业执照等证明材料。甚至有的还会将电话转接到“公证处”工作人员，对此次抽奖活动进行公证。

要想得到这些奖品，只需要付出一点“公证费”“税费”“邮费”“委托费”等，相比获得的“奖品”价值是非常划算的。很多受害人在利弊权衡之下，付出了一点“小钱”，结果陷入拒绝沉没成本心理，为了拿到“奖品”和投入的那一点“小钱”，进而被骗更多的钱。

除了这种主动缴费的诈骗方法，中奖诈骗还有一种诈骗手段。诈骗分子制作一个虚假中奖的钓鱼网站，然后将中奖链接通过多种渠道发送给受害人，让受害人在钓鱼网站上填写姓名、身份证号码、银行账号、取款密码、手机号、验证码等敏感信息，然后对受害人的银行资金进行盗刷。

防骗提醒

在收到“中奖”通知时，大家一定要仔细阅读通知内容，查看自己是否参与过抽奖。倘若自己根本没有参与过抽奖，就要对这个突然降临的好运提高警惕了。对中奖信息中组织方、公证信息等，要通过官方电话（不能直接拨打中奖信息中预留的电话，因为很可能是诈骗分子的电话）向组织方和公证部门核对求证。也可登录全国企业信用信息网，对企业的名称、地址等信息一一核对。在兑奖过程中一旦发现有收取费用的行为，要立即停止兑奖。

俗话说，一分耕耘，一分收获。不经过努力得到的天上掉下的馅饼，大多是让人叫苦不迭的陷阱。我们要保持良好的心态，抛弃贪小便宜的心理，杜绝不劳而获、一夜暴富的心态。只要做到这些，那些以“便宜”为诱饵的诈骗分子就会无计可施，我们才不会被花样繁多的骗术所骗。

知识点

什么是“肉鸡”？

“肉鸡”，也称傀儡机，是指被黑客种植了木马，或者留了“后门”，可以远程控制的计算机。不法分子可以随意窃取“肉鸡”上的数据，也可以“肉鸡”为跳板，去干非法勾当。计算机要避免成为“肉鸡”，就要优化安全设置，关闭高危端口，及时更新杀毒补丁，经常查杀病毒，学会安全上网。如果自己不懂如何操作，可以找专业人士帮忙设置、清理电脑。

五、领取工资补贴诈骗

典型案例

2022年1月初，辽宁大连市民李先生收到一封公司人力资源部门发来的邮件："接相关部门通知，本年度社保补贴已开始发放，请于24小时内自助扫码办理，逾期视为放弃！"此时距领取时限已不足1小时，他来不及细想，立即扫码办理。扫码后，李先生进入了名为"2021全国人社补贴申领认证中心"的页面，文中列出了所谓"最新补贴项目"，涉及重大疾病医疗费、购房、生活费补贴等7项内容。然而，按照提示输入身份信息后，他等来的却不是补贴，而是银行卡消费5000元的短信。李先生这才发现被骗，立马报警。

骗术揭秘

此类邮件诈骗成功的关键，是诈骗分子通过内部邮箱发通知，使其真实可信度大大提高，也降低了受害人的警惕心理。诈骗分子先通过技术入侵的手段攻破公司企业邮箱，通常是老板、人事或者财务部门的邮箱，然后再用这些邮箱向员工发送"最新工资补贴通知"邮件，并且特别声明"收到请勿声张""过期视为放弃"，防止受害人和其他同事核实，增加了事情的紧迫感。收到公司发来的内部邮件，大多数公司员工都会按照步骤扫描邮件中的二维码或者点击链接，登录钓鱼网站填写相关内容，包括姓名、身份证号、银行卡号、银行卡余额、手机号、验证码等敏感内容。有了这些信息，骗子便可以轻易通过远程操作，使用银联支付功能网购充值卡等虚拟物品，或迅速通过苹果设备绑定 Apple Pay 功能，进行 ATM 机无卡取款，迅速变现。诈骗分子特意设置了要受害人填写“银行卡余额”，就是为了在刷卡消费时不至于超出银行卡余额而导致失败。

防骗提醒

政务服务相关政策的实施都会通过官方网站、新闻媒体正式公布，不会通过邮件形式通知，更不会提醒“请勿声张”。企业邮箱“失守”是导致此类诈骗的先行条件。企业应定期检查内部邮箱的登录模式、改设复杂密码、开通安全认证，并教育、提醒员工如遇类似情况，首先要与公司核实。

此外，领取各类补贴就是别人把钱转到我们银行卡内，只需要知道姓名、开户银行、银行卡号等信息，不需要银行卡余额、取款密码和验证码，如果有人想知道后面这三项信息，那他的目的一定是我们银行卡里的钱。

知识点

什么是群控系统?

顾名思义，群控系统是一种批量控制系统，通过一台电脑就可以批量控制成百上千台手机去模拟真人操作。不法分子利用群控系统批量操纵手机实现批量养号、点赞、评论、私信、关注功能，从而达到刷量、增粉等效果。更有不法分子批量控制手机大量去薅商家的羊毛。这些都是违法行为，切莫以身试法。

六、领取游戏金币、皮肤、装备诈骗

典型案例

小鹏在家里玩网络游戏时，看到有人发来信息“‘扣扣’可以领取游戏金币”。小鹏便添加对方为好友后，对方询问小鹏多少岁，小鹏如实地回答：“快 13 岁了。”

对方发来二维码并告知小鹏要用家长的手机支付宝扫码领取金币。由于父母不在家中，小鹏便用自己的支付宝扫码，扫完之后却显示异常。对方再次询问小鹏是不是用自己手机扫码的，小鹏如实回答。对方便说如果小鹏不消除这个异常操作，就会造成严重后果。随后对方催促小鹏用妈妈的手机扫码，并且要求小鹏将聊天记录和支付记录都删除掉，这样既可以消除异常，也可以领取游戏金币。对方还表示扫码支付的钱会转到小鹏妈妈的银行卡里面去。

小鹏便按照对方的要求操作。其间对方多次发送二维码给小鹏，催促小鹏扫码。就这样，小鹏一直不停地配合进行支付，直至妈妈修改登录密码，小鹏已向对方扫码支付 122 次，共计 50358 元，并且每次都将支付记录删除。小鹏妈妈得知后立即报警。

骗术揭秘

此类免费送游戏金币、皮肤、装备骗局的受害人一般以未成年学生为主。骗子通过游戏平台，微信、抖音、QQ 等社交软件发布虚假免费送游戏金币、皮肤、装备的广告，实行广撒网，吸引受害人上当，主动前来领取“福利”。

添加好友后，诈骗分子会哄骗受害人用父母的手机扫码、发红包等，不断转账，或者让受害人提供银行卡的账号、密码、验证码等重要信息，进而转走受害人存款。为了控制受害人，有的诈骗分子还会对受害人进行恐吓，假称要告诉受害人的父母、抓走受害人父母等，让受害人在恐慌之下听命于自己，导致连续转账上百次。

防骗提醒

家长应加强对未成年子女使用手机的安全教育，让孩子初步了解电子银行账户、支付的基础知识，提醒孩子不可轻信陌生人，不可随意扫描陌生二维码，更不能随意向陌生人的银行卡转账。在做好防诈骗教育的同时，要管理好自己银行卡、支付账户的支付密码，不要将自己手机支付密码、银行密码等重要信息告知孩子。

知识点

怎样区分诈骗电话？

1.“00”或者非“+86”开头的电话。“+86”是中国的国际区号，如果接到“00”或者非“+86”开头的电话，一般都是国际长途电话，如果没有亲友在国外，最好拒接此类电话。

2. “95”开头的8位数电话。很多银行的客服电话都是“95”开头，但都是5位数，8位数的电话多为推销或者诈骗电话。

3. “400”“800”开头的10位数号码。“400”“800”开头的10位数号码多为企业客服号码，但此类电话无法外拨，因此接到此类电话最好不要接听。

4. 不显示来电的号码。现在手机普遍开通了来电显示，如果此时打进来的电话不显示号码，极有可能是诈骗电话。

延伸阅读

什么是帮助信息网络犯罪活动罪？

根据《刑法》第二百八十七条之二第一款的规定，帮助信息网络犯罪活动罪，是指明知他人利用信息网络实施犯罪，为其犯罪提供互联网接入、服务器托管、网络存储、通讯传输等技术支持，或者提供广告推广、支付结算等帮助，情节严重的行为，处三年以下有期徒刑或者拘役，并处或者单处罚金。

同时，《刑法》第二百八十七条之一第一款规定，非法利用信息网络罪，是指利用信息网络实施下列行为之一，情节严重的行为，处三年以下有期徒刑或者拘役，并处或者单处罚金：（1）设立用于实施诈骗、传授犯罪方法、制作或者销售违禁物品、管制物品等违法犯罪活动的网站、通讯群组的；（2）发布有关制作或者销售毒品、枪支、淫秽物品等违禁物品、管制物品或者其他违法犯罪信息的；（3）为实施诈骗等违法犯罪活动发布信息的。

简单来说，帮助信息网络犯罪活动罪就是明知他人利用信息网络实施犯罪（主要是电信网络诈骗犯罪），还为其犯罪提供帮助的犯罪行为。这个适用范围很广，但是最常见的是将银行卡、手机卡、社交平台账号卖给或者租给电信网络诈骗团伙使用，帮助电信网络诈骗团伙“洗钱”（包括取钱和转钱），帮助电信网络诈骗团伙打广告引流，等等。除此之外，帮助电信网络诈骗团伙开发网站、制作 APP、维护网络、解绑账号等也可能构成帮助信息网络犯罪活动罪。

触犯帮助信息网络犯罪活动罪会导致什么后果呢？

除了刑法规定的三年以下有期徒刑或者拘役，并处或者单处罚金以外，买卖银行卡、手机卡（简称“两卡”，银行卡包括个人银行卡、对公账户、结算卡、非银行支付机构账户，即我们平时所说的微信、支付宝等第三方支付；手机卡包括平时所用的三大运营商的手机卡、虚拟运营商的电话卡和物联网卡）行为也会受到惩戒。

中国人民银行、公安部联合出台了一系列对涉银行卡犯罪的惩戒措施，主要包括：信用惩戒和限制业务。

1. 信用惩戒：中国人民银行会将相关违法违纪信息录入金融信用基础数据库，并纳入个人征信报告，在一定时间内影响相关人员的贷款和信用卡申请。

2. 限制业务：一经认定的出租、出借、出售、购买银行账户或支付账户的单位和个人，5年内暂停其银行账户的非柜面业务和支付账户的所有业务，包括手机银行、网上银行、POS刷卡，以及微信和支付宝二维码支付，且不得新开立银行账户和支付账户。

对于涉手机卡犯罪，虽然工信部暂未出台全国性的惩戒措施，但是各地已经出台了惩戒措施，如湖南省通信管理局和省公安厅联合发文，对出售、出租、出借手机卡用于实施电信网络诈骗犯罪的自然人及法人，公安机关将认定为不良信用电话用户。一旦被认定为不良信用电话用户，其名下登记的所有移动电话号码将被关停，且2年内限制其身份证件或组织机构代码等证件办理移动电话新入网、过户电信业务。

有些人为了蝇头小利，或者碍于朋友面子，将个人银行卡、手机卡出售、出借给“好友”使用。殊不知，这一行为已让自己成为骗子的帮凶，甚至会触犯刑法，导致自己锒铛入狱。因“两卡”涉嫌帮助信息网络犯罪活动罪的人群主要有两类。一类是年轻人，包括在校大学生或毕业生，他们刚刚步入社会，防范意识不强，再加上没有稳定的经济来源甚至已经负债累累，经不起诱惑，很容易铤而走险，为电信网络诈骗等信息网络犯罪提供帮助和服务。另一类是文化程度不高、收入较低的人群，他们由于法治意识淡薄、急于赚钱，容易在他人诱导下办理贷款、信用卡刷流水等，“不知不觉”为他人实施犯罪提供帮助。

除了利诱的手段，不法分子还会采取欺骗的手段，诱骗他人为其实施信息网络犯罪提供帮助。比如，不法分子制作虚假投资理财APP，以投资理财的名义，让用户帮助转账“洗钱”。

面对纷繁复杂、尔虞我诈的网络世界，我们应该加强学习网络安全知识，了解网络世界的风险和陷阱，提高防范意识和鉴别能力，避免因无知、不懂法和贪图小利成为犯罪分子的帮凶，从而葬送自己的青春和前程。

第六章　维权类诈骗

一、P2P 回款诈骗

典型案例

某日，乐清市民郑女士收到微信好友申请，自称是某 P2P 平台客服，可为她办理 P2P 平台投资款“全额清退”。郑女士此前在该 P2P 平台进行过投资，自从平台爆雷后，一直盼着平台清退兑付，听到此消息的她大喜过望，按照“客服”的提示申请加入一个“退款”QQ 群。入群后，群内好不热闹，各种退款成功的信息不断刷屏，心有疑虑的郑女士特地添加群内多名群友私信询问了情况，群友们都附上退款截图力证自己已经退款成功。

“大家都退款成功了，一定不会有错！”郑女士立刻联系群里的“客服”办理退款，尽管过程中“客服”要求她先交纳“税费”“对冲打码量”等费用才能进行退款，郑女士仍没产生怀疑，先后分 6 笔转账共 16 万元至“客服”指定银行账户，之后迟迟未收到投资退款的她才意识被骗。“后来我才知道，群里的客服和其他成员都是骗子冒充的，这是他们给我演的一出戏。”郑女士悔不当初。

骗术揭秘

P2P 即点对点网络借款，是一种将小额资金聚集起来借贷给有资金需求人群的一种民间小额借贷模式。2018 年以来，P2P 频现爆雷潮，很多投资者迟迟未收回本金。

诈骗分子则利用投资者想收回钱款的急切心理，事先制作好虚假的退款钓鱼网站或者 APP，然后通过广撒网的方式，或者通过非法手段获取之前进行过 P2P 投资的人群信息，打电话、发短信，或者冒充受害人加入 P2P 维权群，以 P2P 清退回款为由引诱受害人上当受骗。

为了获取受害人的信任，诈骗分子通常会伪造一些国家部门如中国人民银行、银保监会的公文、印章等，同时建一个专门的“清退群”，群里除了受害人本人，其余几乎都是诈骗分子安排的“托”。一方面，这些“托”不断在群内发伪造的退款成功的消息和截图，刺激受害人的神经。另一方面，大多数受害人起初抱有怀疑态度，通常会私下加群内的其他人为好友求证其真实性，不料加的好友都是骗子。这些“群友”会告诉受害人退款是真的，自己的钱已经到账了，彻底打消受害人的疑虑。

取得受害人信任后，诈骗分子就可以以各种方式诈骗钱财了。用的基本还是提现的套路，要先充值交保证金、税费，或银行卡号输错被冻结，需要充值解冻，充值后又出现错误等，诱骗受害人一次又一次转账。

防骗提醒

银保监会并未设立或授权设立 P2P 网贷机构回款渠道。如果有 P2P 网贷平台准备清退回款，一般有两种方式，一种是经法院判决生效后由法院执行退款，已经破产的网贷平台资产已被冻结，平台不可能私自退款。另一种是主动退出 P2P 行业的网贷平台会逐步清退用户投资款，但一般都是通过本平台进行清退，不太可能通过第三方平台进行清退。

如果遇到在出借人所属网贷平台以外的第三方 APP 或者网站操作退款，又要求支付资金、提供支付验证码、声称能协助出借人从 P2P 网贷平台上快速或高额回款的行为，一定是诈骗。如收到 P2P 清退回款的通知，一定要通过 P2P 网贷平台的官方渠道核实。切记绝对没有先交钱再退款的形式，绝不能再次转账！

知识点

什么是拦截马？

拦截马是特洛伊木马的一种，其主要功能就是拦截手机号码收到的验证码，从而实现非法盗刷银行卡等非法目的。通过群发短信诱导用户点击链接下载安装拦截马后，可以实现开机自动运行、图标隐身、难以删除等功能，同时会监控短信收件箱，将短信内容通过邮件发送给不法分子。如果此时不法分子同时掌握了我们的银行卡信息，我们的财产安全将面临极大的威胁。因此，一定不要轻易点击陌生链接、安装陌生软件。

二、冒充网警维权诈骗

典型案例

2021 年 11 月，赵女士收到一个微信好友请求，通过微信聊天，赵女士渐渐对其有了好感。后来，对方向其推荐了一个“环境能源交易所”平台，并称有内部渠道可以赚钱。赵女士在平台充值后跟着对方投资了几笔，账户显示都赚了钱。但 11 月 23 日赵女士却发现无法提现，发觉被骗，于是报警。

然而，当警方为赵女士制作报案笔录，正在全力开展案件侦破工作时，11 月 25 日，再次接到赵女士报警称其又在网上被假网警骗了 1 万元！

原来，赵女士自己上网搜索查询诈骗类的信息，随后加了一个昵称为“网络巡查”的 QQ，并被拉进一个“网络巡查小组”群聊。群里的“网警”称赵女士的账户已经不安全了，要先把资金全部转到“安全账户”。赵女士照做后察觉又被骗了，遂再次报警。

骗术揭秘

诈骗分子先打造一个网警身份，如注册或者购买一个 QQ 号，有的在选择号码的时候还特意选择前面或后面带“110”的 QQ，让人一下子就联想到公安机关。然后，取一个看起来很像公安机关的昵称，再发布一些与公安相关的工作动态。这样，一个诈骗号就打造完成了。例如，有受害人举报一个诈骗 QQ 号码——1106679679，昵称是“反诈骗中心”，QQ 空间动态里放着常州公安网红警察“阿汤哥”穿警服开会的照片。诈骗号打造完成后，就会在各大平台发布消息，等着鱼儿上钩了。

一旦有诈骗受害人上钩，前来“报案”，假冒的“网警”会主动提供自己伪造的警官证、身份证、工作照等图片证明“身份”，然后煞有介事地先履行一遍程序，询问受害人被骗的情况，要求受害人提交各种证据信息，甚至还有像模像样的证据提交表格。有的“网警”会告诉受害人其银行账户已经不安全了，要受害人把钱都转到公安机关的“安全账户”。这个其实是诈骗分子的个人账户。有的受害人刚刚被骗了钱，正处于惊魂未定的时候，越想越怕，就真的把钱转到所谓的“安全账户”。有的“网警”先假惺惺地去“办案”，等过了一段时间，就会告诉受害人，诈骗的钱已经被冻结住了，但是想要追回来，要先转钱进去，把账户解冻，或者说要验证受害人账户信息，或者是利用视频会议软件拨打视频电话要受害人按照要求操作退款，一步步让受害人把钱转给诈骗分子。

防骗提醒

公安机关确实有网警，但是并不像大家想象的那样，可以在网络上帮人追回钱财。要知道，公安机关作为执法单位，任何执法行为都是需要严格的审批流程的，而且都是受到监督的。这也是为什么现在没有推行网上执法的原因。因为所有的法律文书、问话笔录、证据材料等都需要当事人签字确认并按手印，才具备法律效应，这些都只能当面进行。公安机关为受害人冻结钱财，也是需要走审批流程才能够返还给受害人的，而且受害人需要签字接收。

就目前来说，公安机关在互联网上没有所谓的“办案中心”，只有面对群众宣传发声的媒体，有的地方已经试行了网络受理报案，但是后续的工作还是要在线下找到当事人现场办理。所以，一旦遭遇诈骗，直接到最近的公安机关报案，别再相信所谓的“网警”能够帮你追回被骗的钱财了。否则，只会再次被骗。

这里教大家一种鉴别网络身份真假的方法。以上面提到的“反诈骗中心”QQ号为例，诈骗分子填写的地址信息是“北京朝阳”，单凭这个还不知道真假，但是诈骗分子在QQ空间放了一张照片，想让我们以为这是他本人。我们上网打开识图工具，把这张照片上传上去，网站显示，这张照片的主人公是常州公安的网红警官，网名“阿汤哥”。常州的警察怎么跑到北京朝阳去了，这不就露馅了吗？诈骗分子伪造身份的图片很多都是网上下载的，特别是“杀猪盘”诈骗中高富帅、白富美的照片，都是直接盗用他人的图片，很多都可以用识图工具识别出来，大家不妨试一试。

知识点

网警的职责有哪些？

网警即网络警察，是指从事公共信息网络安全监察工作的人民警察，其岗位职责包括：宣传计算机信息系统安全保护法律、法规和规章；检查计算机信息系统安全保护工作；管理计算机病毒和其他有害数据的防治工作；监督、检查计算机信息系统安全专用产品销售活动；查处危害计算机信息系统安全的违法犯罪案件；依法应当履行的其他职责。

三、冒充律师维权诈骗

典型案例

2018年4月11日，罗女士遭遇了网贷诈骗，被骗了5400元。但是罗女士没有报警，而是选择在网上寻求帮助。罗女士在网上搜索到提供免费律师咨询的“郑律师”，介绍了自己的情况后，咨询了一些问题。“郑律师”称自己可以帮助罗女士讨回被骗走的5400元，但是要先交500元“建档费”。罗女士心想，交500元能追回5400元，还是划算的，于是交了钱。“郑律师”收了钱就去“干活”了。没过多久，“郑律师”告诉罗女士，钱已经追回，但是放在一个个人账户中，因为银行系统正在维护，要想拿回被骗的钱，就必须存钱进去激活账户。于是，罗女士开始往这个账户里转钱，前前后后一共转进去十几万元，都是跟亲戚朋友借的。最后一次转了1800元之后，“郑律师”要罗女士卸载微信，15分钟之后再重新下载安装。罗女士也照做了，结果15分钟后再次安装登录后发现所有的聊天记录和转账记录都没有了。

骗术揭秘

诈骗分子伪造律师和律师事务所身份，打着“不收费”的名义，在网上发布免费法律咨询、维权等广告信息，并通过购买排名、搜索引擎优化（SEO）等方式出现在搜索引擎的前排页面。一旦有受害人前来咨询，诈骗分子会让其添加“法务专员”的微信，发来网上下载或者PS的证件照、律师执业证，还会鼓励其到律协网站上查询真伪。若受害人去查，当然会发现是真的，只不过不是骗子本人罢了，但是能让受害人相信。骗子还会鼓励受害人去公安机关报案，但是也会告诉受害人，钱不一定能追回来，报案和维权不相冲突。骗子声称，不仅可以通过公司技术查询、查封多级涉案账户资金，追查涉案IP地址，还可以对用户社交账号进行查封、冻结处理等。如果“客户”愿意，就要交纳“咨询费”“建档费”，并且还要签订“合同”。关键环节来了，“法务专员”会给受害人发来《法律服务合同》《客户基本情况》等文件的电子版，让受害人打印、填写之后邮寄过去。文件里的收件地址、电话、单位名称等，上网一查，有的还真是有营业执照的“法律咨询服务机构”。然而这一切都是幌子，《法律服务合同》只是为了逼真地展现他们的“专业程度”，从而获取受害人的信任。《客户基本情况》是为了获取受害人的个人信息，方便从事诈骗、洗钱、出卖公民个人信息等违法犯罪活动。

防骗提醒

律师帮客户追回被骗钱款的主要途径是到法院起诉，而不是直接找诈骗分子要钱。试想，如果公安机关都抓不到诈骗分子，那么律师更没有相应的技术手段和权限以及权力冻结他人银行账户，如何能找到诈骗分子和钱的流向，帮你把钱追回来？

如果需要法律咨询，尽量通过实地探访或者访问官方网站等正规渠道寻求帮助，同时，注意核实相关法律资质。网上遇到陌生人要求转账的，一定要高度警惕，避免上当受骗。

知识点

被电信网络诈骗后要保留哪些证据?

被电信网络诈骗后，要保留诈骗分子的来电记录、社交平台账号、聊天记录，包括图片、视频等，以及钓鱼网站网址、诈骗 APP 安装包和下载链接等，还要保留好诈骗分子的收款银行或者支付平台账号、转账流水、交易记录，以及所有与此次诈骗有关的电子证据。

四、冒充黑客维权诈骗

典型案例

2020 年 4 月 20 日，张先生不小心遭遇了“裸聊”诈骗，损失数万元。正在懊恼不已时，张先生突然想到了向“黑客”求助。张先生想，如果能通过“黑客”攻击骗子的电脑，删除视频和通讯录不就万事大吉了吗？于是，4 月 21 日一早，张先生在网上找了一个号称“网络黑客”的陌生人 QQ，并提供了骗子的 QQ 号给“黑客”，双方谈好删除裸聊视频的价格为 1800 元，张先生先转账 900 元作为定金。到了 11 时，“黑客”给张先生发了一个视频，显示其已经登录了骗子的 QQ，声称已向骗子的 QQ 写入病毒，只要张先生支付尾款就能删除全部裸聊视频，同时警告他不要声张，且第一次合作的客户要先交 3000 元保证金，事成之后 50 分钟内自动退回，深信不疑的张先生于 12 时再次转账 3900

元。十几分钟后，“黑客”让张先生添加“技术管理员”的QQ号，“技术管理员”要求张先生支付技术破解服务费2000元，声称收到钱后马上删除裸聊视频，虽然心存疑虑，但骑虎难下的他只得就范。一小时过去了，张先生不仅没有收到3000元保证金的退款，连“黑客”也联系不上了，张先生这才发觉被骗，立马报警。

骗术揭秘

冒充黑客诈骗的第一步就是精准锁定诈骗对象，在贴吧、QQ群、微博、骗子举报网、黑客网站，或者自建网站搜寻潜在受害人。只要有维权心切的“客户”加“黑客”为好友，“黑客”还会把“客户”拉到提前建好的“受害人群”里，群里会有“受害人”现身说法，赞美“黑客”技术一流、诚信可靠，同时发来一张钱已到账的截图，然后在群里发红包表示感谢，就像是真的一样。其实这都是诈骗分子设计的“托”。

如果受害人同意让“黑客”帮助追回损失，一般会谈好追回金额的百分之多少作为报酬，先交定金，定金一般为几百元、上千元不等。接下来，“黑客”利用“支付宝、微信钱包页面生成器”做张假图发给受害人，告诉受害人已经成功入侵了骗子的支付宝。其间还会运用一些专业词语和“里面除了你的钱之外还有其他受害人的钱”等话术让受害人更加信以为真。下一步，就又要交钱了，理由通常有技术破解费、工具使用费、服务器租赁费等，这时候金额就上升到几千元了，“黑客”还会告诉受害人交了钱就能够回款。如果受害人说要他从追回的钱里面扣，“黑客”

会用早就准备好的话术拒绝受害人，如“骗子的钱只能转给受害人，我是有原则的黑客，该是我的就是我的，赃钱我不要”之类的。

然而，如果受害人交了钱，诈骗分子又会以其他理由要其多次交钱，比如交保证金、清尾款等，一步一步让受害人陷入拒绝沉没成本心理，被骗金额越来越大。

防骗提醒

真正的黑客，都是对网络技术痴迷的人，他们往往醉心于发现和研究计算机系统的漏洞。利用黑客技术非法入侵网络是违法犯罪行为，如果被骗，要第一时间报警，不要相信旁门左道的手段，否则可能还会受到法律的追究。

延伸阅读

被电信网络诈骗后的几个问题

1. 被诈骗了怎么办？

发现自己被诈骗了要第一时间拨打110报警。公安机关和银行建立了快速止付机制，被骗后要及时报警，并提供诈骗分子收款的银行卡号信息，公安机关会立即对该银行卡及后续转移资金的银行卡进行止付，也就是通知银行采取“只收不付”措施，让这张银行卡里的钱不能转出去。所以，越早报案，将钱止付的可能性越大，而止付的钱，是会按照“谁的钱返还给谁”的原则退还的，这是被电信网络诈骗后减少损失最直接最有效的办法。有的人担心公安机关会通知家属，不愿意报案，这个担心完全是多余的。对于年满18周岁、智力和精神状况正常的人来报案的，公安机关不需要通知家属，也会为受害人保密。

2. 到哪里报案？

根据《刑事诉讼法》的规定，刑事犯罪由犯罪地的公安机关管辖，如果由犯罪嫌疑人居住地的公安机关管辖更为适宜的，可以由犯罪嫌疑人居住地的公安机关管辖。针对或者主要利用计算机网络实施的犯罪，犯罪地包括用于实施犯罪行为的网络服务使用的服务器所在地，网络服务提供者所在地，被侵害的信息网络系统及其管理者所在地，犯罪过程中被告人、被害人使用的信息网络系统所在地，以及被害人被侵害时所在地和被害人财产遭受损失地等。

犯罪地包括犯罪行为发生地和犯罪结果发生地。犯罪行为发生地，包括犯罪行为的实施地以及预备地、开始地、途经地、结束地等与犯罪行为有关的地点；犯罪行为有连续、持续或者继续状态的，犯罪行为连续、持续或者继续实施的地方都属于犯罪行为发生地。犯罪结果发生地，包括犯罪对象被侵害地、犯罪所得的实际取得地、藏匿地、转移地、使用地、销售地。电信网络诈骗案件报案时，受害人和公安机关都还不知道犯罪分子所在地，也不知道诈骗分子搭建的钓鱼网站、APP等服务器的地址，唯一能确定的，就是受害人向犯罪分子转账时所在的位置，也即犯罪结果发生地。因此，电信网络诈骗案件通常由受害人转账时所在地的公安机关受理，到转账所在地派出所报案即可。如果有在多地转账的情况，这几个地方的公安机关都有管辖权。

最后，其实最简单的办法就是拨打110报警，110接警中心会告诉你到哪里报案。

3. 办案要多长时间?

原则上，破案之前，办案时间的长短没有规定，只要案子没破，就有可能在某一天破掉，所以我们经常看到几十年前的杀人案近期才破案。

受害人报案后，公安机关会对报案材料进行审查，认为涉嫌犯罪的会立案侦查，但是并不是所有的案子都立马能查出结果来，所以存在时间长短的问题。特别是电信网络诈骗案，查证比较困难，且很多骗子在国外，出国办案需要通过国际警务合作和协调，所以需要较长的时间。

关于案件侦办的情况，公安机关没有告知受害人的义务（当然破案了一般会通知受害人)，破案之前，案件的侦办过程和侦办手段都属于警务秘密，不能随意透露，不然被骗子知道了就更不容易破案了。

所以报案很久后没有消息也属于正常情况。诈骗团伙往往作案多起，即便现在没被抓，以后迟早会被抓到。

4. 被骗的钱能追回来吗?

被骗的钱能不能追回来，要分几种情况：

（1）看能不能破案。电信网络诈骗的破案率比一般案件低，如果能够破案抓到犯罪嫌疑人，就有了追回钱款的可能。

（2）看抓人的同时能不能冻结骗子的赃款。诈骗来钱快，所以骗子花钱也快。大多骗子都是好吃懒做之徒，将钱骗到手之后就吃喝玩乐、挥霍一空。如果抓到了诈骗分子，但是钱已经没了，就难以追回了。

（3）看骗子是否积极退赃，有的骗子为了争取减刑，积极退赃，将赃款退还给受害人。为了帮助受害人挽回损失，公安机关也会积极地做骗子的思想工作，劝其退赃。

但是，电信网络诈骗案件追回钱款的情况并不多。所以，我们要主动学习防范知识，提升识骗防骗能力，避免上当受骗。

第七章　其他诈骗

一、注销校园贷诈骗

典型案例

2022 年 4 月 1 日，灵山县刘女士接到一个自称支付宝客服的电话，称其读书时校园贷信息和个人信息不符，并发给其一张校园贷逾期未还的截图。客服告诉刘女士需要注销校园贷账号，否则会影响其个人名下银行账号和支付账号正常使用，进而影响其个人征信。刘女士信以为真，便根据对方要求下载注册“钉钉”APP，登录进入“钉钉会议视频”，并共享手机屏幕。

接着对方以“注销校园贷账户”为由，让刘女士在微粒贷等多个借款平台进行借款操作，把手机验证码、银行卡账户、密码等信息录入平台，并按照对方要求输入收款账号等信息，同时多次按对方提示将手机验证码等信息发送至 95566 等。完成以上一系列操作后，刘女士发现自己银行卡上的钱，以及刚从各个贷款平台借的钱共计 461384.6 元，被人分多次转走了。

骗术揭秘

以假冒京东客服实施诈骗为例，诈骗分子利用伪基站技术将电话号码伪装显示为 4006065500、4006568800、021-95118、025-95118、0571-95118 等，在受害人接到电话时显示为“京东客服”，使受害人相信这是一个官方的来电。诈骗分子自称“京东金融客服”，同时报出受害人身份信息，进一步获取信任。诈骗分子称受害人在学生期间曾注册京东金融账户，不符合国家规定，需要注销账户或者升级为成人账户，否则影响征信。

诈骗分子进一步要受害人添加QQ、微信等配合注销或升级校园贷账户。加了好友后，诈骗分子会第一时间将自己的“工作证件”、手持证件照等发给受害人，有的还会把2017年原银监会、教育部、人社部联合发布的《关于进一步加强校园贷规范管理工作的通知》，以及所谓“银监会授权书”等发给受害人，为的就是让受害人深信诈骗分子的官方身份，为下一步按照其指示进行操作奠定基础。

诈骗分子会要求受害人下载钉钉、云视讯、腾讯会议等APP，并开启屏幕共享功能，这样，诈骗分子就可以同步看到受害人的手机屏幕内容了，既可以实时掌握受害人的动态，也可以看到受害人在手机上输入的各种密码等敏感信息。诈骗分子声称受害人的京东白条绑定的银行卡还绑定了其他借贷平台（一般人常用的都是一张银行卡），以“影响注销账户”等为由，要求其清空其他借贷平台账户，其实质是要受害人在其他借贷平台上借款，并将借款转入受害人的一张银行卡。为了更加逼真，诈骗分子还专门设计了一个软件显示对话框信息，提示“无法注销”，提示内容则是“还关联有其他账户”，如微粒贷、招联金融等，这些平台诈骗分子随时可以更换。这个时候，由于受害人的钱还在自己银行卡里，所以并不会有什么风险意识。

当诈骗分子忽悠受害人将所有的借贷平台都借了一遍并集中转账到一张银行卡中之后，会以进行“资金核查”“确认本人操作”等为由，诱骗受害人将所有的钱都转到指定的“安全账户”

或者“认证对接账户”（其实都是诈骗分子的账户），声称核查完毕就会返还，但通常要等到第二天，目的就是为转移诈骗资金争取时间。为了打消受害人的顾虑，有的诈骗分子会让受害人在支付宝上花一分钱买一个银行卡保险，但事实上，这份保险也是第二天才生效。如果这步诱骗不成功，受害人不肯将钱转入他人账户，诈骗分子则会利用提前掌握的受害人银行卡账号、密码登录网上银行，同时通过共享屏幕偷看受害人收到的转账验证码，直接将受害人的钱转走。

除了冒充“京东金融”客服，其他冒充支付宝、微粒贷、招联金融、中邮钱包等客服的，都是同样的诈骗套路。

防骗提醒

国家整治校园贷是要求网贷公司退出校园贷业务，而不是要求用户注销自己曾在学生时期注册过的账户。即使以前注册过校园贷，只要已经还清欠款了，是否注销账户都不会影响征信。网贷账户不存在学生账户和成人账户的说法，更没有所谓将学生账户升级为成人账户这样的操作。

共享屏幕、分享屏幕都是非常危险的操作，意味着我们的手机屏幕被对方实时窥探，任何信息都将暴露在他人眼前，非必要不要开启。对于任何他人要求转账的行为都应当警惕，即使是要求转账到我们自己的账户，也一定要有风险意识。

知识点

哪些行为会影响个人征信？

影响个人征信的行为主要有：（1）贷款、信用卡逾期不还；（2）贷款金额较大，负债过高；（3）被其他机构查询征信次数过多，其本质是个人申请贷款或者信用卡过多，因为申请一次就会被查询一次；（4）欠缴税费、水、电、燃气费等。个人征信体现的是一个人的信用度和履行信用的能力，而与贷款账户是学生账户还是成人账户没有关系。如遇征信问题，可拨打中国人民银行征信中心客服电话4008108866进行咨询。

二、虚假绑架诈骗

典型案例

一天，江苏吴中的高先生突然接到在英国留学的儿子的微信语音通话，接通以后对方却是陌生人："你儿子已经被我们控制了，如果不在一小时内按要求转账200万元过来，就切断他的小指，如果拒不执行就撕票！"

将信将疑的高先生马上给儿子的英国手机号打电话，没想到是陌生人接电话。接着高先生的微信收到对方发来的儿子的语音，儿子哭嚎着说自己被绑架了，不给钱对方就要切断他的手指并杀了他，央求爸爸救他。接着，绑匪还发来了儿子的哭求视频。这下高先生彻底相信了。

高先生一边急迫地四处筹借钱款，一边不断给对方发信息说正在筹款，请务必不要伤害儿子。但是，200 万元这个巨额数字对于普通家庭来讲还是非常困难的。突然，对方发来了一张非常血腥的断手指图片，高先生心态彻底崩塌。实在没有办法，高先生才终于拨打了 110 电话报警求助。

接到报警后，警方第一时间了解情况，发现对方发来的视频和图片存在疑点：视频分辨率极低；视频存在蓝色屏幕边缘，为电脑端合成视频；语音和视频部分嘴型对不上；断手指的图片下方为医用急救床的边框，与绑架环境不符。

最终，在警方与犯罪分子博弈 4 个小时后，高先生儿子的电话拨通了，原来他是在英国受到了冒充公检法的诈骗。骗子称其涉嫌跨国洗钱案吓唬他去宾馆开了单间，并套取他的微信验证码异地登录，同时将他的手机号呼叫转移了。骗子先将高先生儿子的微信和手机号全部掌握在手中，并将其骗至宾馆内与外界隔绝，然后导演了一出虚假绑架诈骗。

防骗提醒

此类虚假绑架诈骗主要针对青少年。诈骗分子利用青少年较缺乏自我保护和安全防范意识、遇到被恐吓后难以第一时间做出正确判断等弱点，假冒公安、检察院、法院等国家机关的工作人员诱骗受害人，刻意营造紧张气氛使其深信不疑。在这种情况下，“自证清白”就成了大多数人的自然反应，诈骗分子则借机实施诈骗。

同时，诈骗分子会与受害人家长取得联系，虚构“绑架”实施连环诈骗。此时家长往往无法联系上受害人，为了孩子的安全，只得乖乖交出“赎金”。

子女出门在外时，父母除子女的联系方式外，还应尽可能留存子女的老师、学校或者好友的联系方式，以便在联系不上子女时可通过其他途径联系。当前网络技术发达，图片、音视频均可以合成，网上还有变声软件可模拟不同的声音，对于有人打电话、发语音或者视频声称子女被绑架的，一定要仔细甄别，并报警求助。

知识点

96110、12381 是什么？

96110 是公安部刑侦局推出的全国统一的反电信网络诈骗预警劝阻咨询专线电话，如果遇到此号码打来的电话，说明当事人有被诈骗的风险，务必接听。若发现涉诈犯罪线索，也可拨打此号码举报。12381 是工业和信息化部公共服务平台电话。2021 年 7 月 14 日起，国家反诈中心与工信部反诈中心联合通过 12381 服务平台向公众推送反诈预警短信。如果收到此短信，当事人可能正在遭遇诈骗，如有疑问可拨打 96110 咨询。

三、手工活诈骗

典型案例

2018 年，方某梅无意中在网上看到了一份手工兼职招聘信息，她支付了 988 元的入会费，准备赚大钱。在支付入会费的几天内，方某梅收到了公司送来的手工半成品，包括手珠、鞋垫、枕头等。根据公司的招聘声明，只要她用针和线在鞋垫和枕头上绣上图案，再将成品送回公司，她就可以得到报酬。

但事实并非如此，“鞋垫和枕头非常难绣，即使我一直在绣，绣一双鞋垫也需要 4—5 天的时间。如果你把公司送来的半成品都绣好了，你需要连续绣一个多月，奖励只有 100 多元”。方某梅说，公司会故意将很难绣的半成品送到受骗人员手中，使他们无法完成，并为获得报酬设置障碍。

除了鞋垫，这个诈骗团伙还有汽车衣架、钻石画、珠子等手工活制品，只有仓库，根本没有正常销售活动。截至案发时，一共诈骗 18 万余人，共计 1. 31 亿余元。

骗术揭秘

手工活诈骗分为两种。一种是以手工活为名引流然后进行刷单诈骗的套路，这里不再重复介绍。还有一种则是以手工活名义诈骗加盟费、代理费、材料费等的套路，隐蔽性更强。

诈骗分子在互联网上发布手工活回收的广告，打着“居家赚钱”“时间自由”“轻松简单”“公司负责回收”的名义，诱使受害人缴纳加盟费、材料费，或者出钱购买机器。当受害人缴纳费用后，诈骗分子将原材料或半成品发给受害人让其在家做手工活，要么安排的工作很难按时完成，要么产品鉴定不合格，让受害人拿不到钱，慢慢自动退出。由于诈骗的金额较少，加上通常双方会签订合同，此类诈骗还可能被误认为是经济纠纷，使诈骗得以持续较长时间。

防骗提醒

工业化时代，几乎所有加工都可以通过机器来完成。即使个别需要手工来完成的，也是工厂化、规模化生产，而不是由个人完成。因为工厂化、规模化生产可以有效降低生产成本，提高生产质量。谨记一条：现在网上所谓手工活代加工都是骗钱的局，根本没有轻轻松松在家就能赚的钱。

知识点

诈骗账户冻结的资金如何返还？

2016年原银监会、公安部印发的《电信网络新型违法犯罪案件冻结资金返还若干规定》明确规定，冻结资金由公安机关区分不同情况按以下方式返还：（1）冻结账户内仅有单笔汇（存）款记录，可直接溯源被害人的，直接返还被害人；（2）冻结账户内有多笔汇（存）款记录，按照时间戳记载可直接溯源被害人的，直接返还被害人；（3）冻结账户内有多笔汇（存）款记录，按照时间戳记载无法直接溯源被害人的，按照被害人被骗（盗）金额占冻结在案资金总额的比例返还。

也就是说，先查看冻结账户资金流水，如果能够明确看出被害人转钱进去之后，钱没有被转走，则可以直接返还被害人。如果有多个被害人，资金流水比较复杂，看不出来谁的钱被转走了，那就看冻结账户里有多少钱，按照各被害人损失的比例返还。

四、虚假招聘诈骗

典型案例

2020 年 5 月开始，冯某通过网络发布上海建工集团急招赴澳门装修工人的虚假招工信息，许诺每日工资 500—600 元，每天工作 8 小时。

2020 年 11 月 4 日，刘某获悉该招工信息后，添加了冯某微信。冯某以到澳门务工需要办理劳工证为由，要求每人交纳 1000 元费用并提供本人身份证号码，工人到达珠海后就将钱退还。刘某共联系 11 名工人，11 月 20 日至 21 日通过微信向冯某共转账 12000 元，后冯某将刘某微信拉黑。刘某发现被骗后立刻报警。

骗术揭秘

诈骗分子利用受害人急于找工作的心理，冒充劳务公司或者中介机构，在微信朋友圈等社交平台上发布招工广告，虚构高薪的工作岗位，签订虚假的招工合同，然后以体检费、办证费、培训费等理由让受害人交钱，甚至诱骗受害人办理贷款。

由于近年来国家对电信网络诈骗的打击力度加大，一些电信网络诈骗团伙多转移至国外搭建窝点，为招募更多人员前往国外诈骗窝点实施诈骗，往往采取虚假招聘的方式将受害人从国内诱骗出国，再囚禁起来从事新的诈骗活动。

诈骗分子通过社交平台、短视频平台等发布虚假消息，营造国外遍地是黄金的感觉，再以高薪、双休、工作时间短、上班和住宿条件好、报销来回路费等优渥的条件，假称招聘程序员、安保人员、业务员等，诱骗受害人出国务工。一旦受害人有意向之后，前期，中间人确实会报销全部的车船费、住宿费等费用，给人一种非常靠谱的感觉。受害人到达边境后，当地“蛇头”会集中把这些想要出国务工的人偷送出国，再由国外的“蛇头”负责卖到诈骗窝点。到了诈骗窝点，面对荷枪实弹的武装人员，只能乖乖将证件、手机上交，被囚禁、被殴打、被强迫参加电信网络诈骗。

除此之外，有的诈骗团伙，会强迫已经在诈骗窝点的人，假称在国外工作待遇好，诱骗其亲戚朋友前往国外务工。有的诈骗团伙，为了获得更多电话卡、银行卡用来实施诈骗，会让受害人到各地办理一批电话卡和银行卡，然后带着这些电话卡、银行卡出国，用于接收或转移诈骗得来的钱款。

防骗提醒

求职者找工作一定要通过正规、合法的劳务中介，不要轻易相信陌生人、黑中介，可以通过市场监管部门官方网站查询企业的注册信息，初步辨别企业真伪。用人单位以任何名义向应聘者收费都属于违法行为，凡是遇到涉及收取培训费、报名费、服装费的情况，应提高警惕，不要贸然向招工者提供的账号进行汇款、转账，不要轻易缴纳各种费用。

高薪、月入过万、专业不限等多为诈骗分子常用的招聘广告词。现代社会，人力资源的实质是一种可交换的市场资源，同样遵循“一分钱一分货”的市场准则，想拿高工资，先想想自己可以创造多大价值，对工资明显高于求职者创造的价值的工作，就要仔细甄别是不是诈骗了。特别是对境外招工，更要提高警惕。毕竟，出国之后，面对陌生的环境、陌生的人，生命和财产安全的风险是陡然增加的。

知识点

什么是偷越国（边）境罪？

根据《刑法》第三百二十二条的规定，偷越国（边）境罪，是指违反国（边）境管理法规，偷越国（边）境，情节严重的行为。应处一年以下有期徒刑、拘役或者管制，并处罚金；为参加恐怖活动组织、接受恐怖活动培训或者实施恐怖活动，偷越国（边）境的，处一年以上三年以下有期徒刑，并处罚金。

图书在版编目（CIP）数据

电信网络诈骗防范手册／先锋著．—北京：中国法制出版社，2022.9
ISBN 978-7-5216-2797-8

Ⅰ．①电…　Ⅱ．①先…　Ⅲ．①电信-诈骗-预防-中国-手册②互联网络-诈骗-预防-中国　Ⅳ．①D924.335

中国版本图书馆 CIP 数据核字（2022）第 134269 号

策划/责任编辑：秦智贤　　封面设计：周黎明

电信网络诈骗防范手册
DIANXIN WANGLUO ZHAPIAN FANGFAN SHOUCE

著者/先锋
经销/新华书店
印刷/应信印务（北京）有限公司
开本/710 毫米×1000 毫米　16 开　　印张/ 10　字数/ 80 千
版次/2022 年 9 月第 1 版　　2022 年 9 月第 1 次印刷

中国法制出版社出版
书号 ISBN 978-7-5216-2797-8　　定价：39.80 元

北京市西城区西便门西里甲 16 号西便门办公区
邮政编码：100053　　传真：010-63141600
网址：http：//www.zgfzs.com　　**编辑部电话：010-63141798**
市场营销部电话：010-63141612　　**印务部电话：010-63141606**